날마다 달마다

신나는 책 놀이터

그림책으로 행복한 유치원 이야기

날마다 달마다
신나는 책 놀이터

이숙현 · 이진우 지음

행복한
아침독서

그림책과의 행복한 만남,
함께하고 싶습니다

꼬박 십 년이 되었습니다. 유치원 안에 작은 책방을 열고, 그림책과 행복하게 만나고 싶은 마음을 나누기 시작한 해가 2006년이었으니까요. 백일 된 큰아이를 품에 안고 금오유치원을 만난 것도 그해 봄이었지요. 그림책이 참 좋았습니다. 보면 볼수록 좋아서, 우리는 좋은 그림책을 품 안의 아이에게 보여주고 읽어주고, 유치원 선생님들과 나누며 아이들이랑 부모님들에게도 건넸습니다. 그러는 사이, 그림책 이야기들이 생겨났지요. 그림책과 함께 신나고 즐거운 이야기, 재미난 이야기들이 자꾸만 생겨났습니다.

새로운 그림책, 좋은 그림책도 자꾸 살펴보게 되었고, 그림책과 어떻게 만나면 좋을지 자꾸 궁리하게 되었어요. 덕분에 날마다 달마다 해마다 그림책과 더불어 아이들을 만나면서 놀라운 사실도 알게 되었습니다. 그림책이 아이들의 삶과 만나 또 다른 놀이가 되고 이야기가 되고, 그것이 행복한 삶의 바탕으로 이어진다는 사실을요.

좋은 그림책은 우리에게 마법 같은 순간을 안겨주었습니다. 그림책의 놀라운 힘을 깨닫고, 그림책이 선물하는 시간들을 한 아름 받으면서 그림책 이야기를 나누고 싶은 마음도 커졌어요. 마침 영·유아독서신문 『책둥이』(현 『월간그림책』)로부터 '유치원 현장에서 만나는 그림책 이야기'를 연재해달라는 부탁을 받았지요. 그때 2년 동안 연재한 '달마다 그림책'과 '날마다 그림책' 이야기가 이 책의 중요한 실마리가 되었습니다. 달마다 그림책 이야기를 기록하고 정리하면서 그림책과 만나는 아이들의 삶과 유치원에서 살아가는 이야기도 자연스럽게 담았습니다. 때문에 이 책은 아이들과 만나는 그림책 이야기이면서 동시에 그림책을 몸과 마음으로 만난 이들의 이야기, 그 과정이 오롯이 담긴 유치원의 이야기입니다.

금오유치원은 ㈔행복한아침독서와 인연이 깊습니다. 2008년 『책둥이』 창간호에 독서사례 글이 실리면서 인연을 맺었고, 그 후로 오랜 시간 함께했습니다. 덕분에 아침독서운동을 시작할 수 있었고, 달마다 새로 나온 그림책과 여러 가지 관련 정보를 얻을 수 있었습니다. 여러 공모전에 참여하여 큰 상을 받기도 했습니다. 그 가운데 2009년 대상을 받은 '유아교육기관 독서교육 사례' 원고와 2013년 교육부장관상을 받은 '도서관 운영 사례' 원고는 각각 3부와 4부의 바탕이 되어 책을 더욱 알차게 해주었습니다.

모두 모아 여기, 한 권의 책으로 엮으면서 바꾸고 보탠 부분이 있습니다. 연재 글에 소개했던 그림책 가운데 절판된 책은 할 수 없이 다른 책으로 바꾸었어요. 좋은 책인데 더 이상 만날 수 없게 된 현실에 가슴 아파하면서, 이 책이 잘 알려지지 않은 좋은 책들을 오래 만나는 데 도움이 되면 좋겠다는 바람도 갖게 됐습니다. 새로 나온 그림책들도 두루 살펴서 함께 묶었습니다. 어떤 책은 자세히 다루지 못하고 짤막한 꾸밈말을 덧붙여 제목만 넣어두기도 했습니다. 한 권이라도 더 알려드리고 싶은 마음에서입니다. 독자들이 이 책을 통해 아이들과 만나고 싶은 그림책을 여러 권 반갑게 발견하시길 바랍니다. 못다 한 그림책 이야기는 어디선가 계속 이어질 거라 믿습니다. 이 책은 그 마음을 나누는 시작입니다. 닿지 못한 시간들에 닿을 수 있기를 바라며 내딛는 첫걸음이기도 합니다.

그림책을 좋아하는 두 사람이 만나 마음 맞추며 유치원을 운영하면서 같은 곳을 바라보고 함께 채워나간 시간들이 다채로운 그림책 이야기, 도서관을 짓고 그림책과 더불어 살아가는 이야기가 되었습니다. 이 책이 좋은 그림책을 즐겁게 만나는 데 보탬이 된다면 기쁘겠습니다. 무엇보다 아이들과 행복하게 그림책을 만나는 데 작은 디딤돌이 된다면 정말 좋겠습니다.

유치원이 신나는 그림책 놀이터로 변신하고, 별별어린이도서관이 생겨나기까지 어려운 일도 많이 있었지만 행복한 추억이 더 많았습니다. 여러 시간들을 지나온 십년, 도와주신 분들의 고운 얼굴들이 떠오릅니다. 사랑하는 금오유치원 선생님들과 아이들, 책마담 엄마들을 비롯한 부모님들, 그림책 이야기를 나누어주신 마음 뜨거운 여러 분들께 감사하다는 말, 꼭 전하고 싶습니다. 그리고 아름다운 그림책 세상에 눈뜰 수 있도록 이끌어주신 서정숙 교수님, 고맙습니다. 아직도 첫 수업 때 보여주신 그림책 『모두 행복한 날』(개정전 『코를 "킁킁"』)의 마지막 장면, 그 놀라운 감동을 생생하게 기억합니다. 앞으로도 잊지 못할 것입니다. 그림책 교육이 뿌리내릴 때 용기를 북돋워주신 김은아 소장님, 도서관 지어주신 분과 만나게 해주셔서 고맙습니다. 또 경상북도교육청의 지원이 없었다면 별별어린이도서관은 지금의 모습을 갖추지 못했을 겁니다. 기적같이 여겨지는 시간들에 감사할 따름입니다.

　이 글을 매듭짓기까지 짧지 않은 시간 기다리며 큰 힘 보태주신 ㈜행복한 아침독서의 한상수 대표님, 우리에게 언제나 사랑을 채워주는 해랑과 비채, 그리고 그림책으로 맺은 소중한 인연들……. 모두모두 고맙습니다!

　지금 이 순간,
　이 글을 읽고 계신 당신께 반갑고 고마운 마음 전합니다.
　그림책과의 행복한 만남, 당신과 함께하고 싶습니다.

　함께 해주실 수 있을까요?
　꼭 함께 해주세요.

2016년 1월
손 맞잡고 설레는 마음으로
별별어린이도서관에서
이숙현 · 이진우 드림

2부 달마다 그림책

3부 신나는 그림책 놀이터 - 책 읽는 유치원 이야기

4부 별별어린이도서관 행복한 이야기

1부

날마다 그림책

그림책, 어떻게 만나고 계신가요?

무슨 소리냐고요? 아이들과 더불어 그림책을 만날 때 '어떻게' 만나는지가 참 중요하거든요. 우리가 어떤 사람을 처음 만날 때 '어떻게' 만나는지에 따라 그 사람에 대한 느낌이나 기억이 달라지잖아요. 그림책도 마찬가지예요. 같은 그림책이라도 어떻게 들려주고 만나는가에 따라 아이들 마음에 새겨지는 그림책의 흔적이 달라진답니다. 지금부터 그림책을 날마다 어떻게 만나면 좋을지 생각해보는 시간을 가져보아요.

그림책, 머리부터 발끝까지
- 그림책의 구성 이해하기

만남에는 준비가 필요하지요. 누구를 만날지 잘 알고 있어야 제대로 만날 수 있으니까요. 지금 이 순간, 가까운 곳에 놓인 그림책을 한 권 가져와보세요. 그림책은 어떻게 구성돼 있는지 머리부터 발끝까지 찬찬히 살펴보기로 해요. 준비되셨나요? 그럼 시작할까요?

먼저 앞표지 한번 쓰다듬어보세요. 촉감이 어떤가요? '투명 씌움'(코팅)이 된 표지라면 매끈할 테고, 그렇지 않다면 손에 닿는 느낌이 조금 다를 거예요. 『빨간지구만들기 초록지구만들기』(파란자전거) 그림책은 크라프트 종이로 표지 작업을 마무리해 손끝에 종이의 질감이 고스란히 와 닿아요. 얇은 비닐 막으로 감싸주는 투명 씌움이 없어 표지에 손이 닿으면 닿을수록 (옷감에 보풀이 일어나듯) 종이의 결이 살아나고 닳아지지만 '지구 환경'을 생각

하는 작가의 마음을 그대로 느낄 수 있어요. 그림책『문제가 생겼어요!』(논장) 앞표지는 '문제'의 다리미 자국이 살짝 눌려 있어요.『엄마 까투리』(낮은산)는 독특한 필체의 책 제목이 손으로 만져지지요. 이처럼 입체감을 느낄 수 있는 그림책들이 많으니 표지를 만날 때는 눈으로만 보지 말고 손끝으로도 만나보세요.

이번에는 표지 귀퉁이를 잡고 들어볼까요? 표지의 두께가 보이시나요? 빳빳하고 약간 도톰한 재질의 종이, 하드커버(hardcover)랍니다. 우리가 만나는 그림책 대부분이 '표지의 심에 두꺼운 판지를 사용'해요. 마치 겨울날 입는 두꺼운 겉옷처럼 이 빳빳한 재질의 종이가 안을 감싸듯 앞뒤 표지를 이루고 있지요.

이번에는 표지를 펼쳐볼게요. 뒤표지와 앞표지가 모두 보이게 쫙 펼쳐보세요. 어떤 그림이 되나요? 무슨 소리냐고요? 아, 뒤표지와 앞표지가 연결된 그림인 책도 있거든요. 앞뒤로 따로 봤을 때는 잘 모르다가 그림책을 펼치면 한눈에 들어오지요. 시대를 뛰어넘어 오래도록 많은 이에게 사랑받는『리디아의 정원』(시공주니어)이 그래요. 여기서 한 가지 중요한 사실을 알려드리지요. 그림책 표지에 담긴 그림은 어떤 것이든 그 자리에 뽑힌 이유가 있답니다. 그냥 그 자리에 있는 게 아니에요. 앞표지는 제목과 더불어 독자들에게

리디아의 정원

첫인상을 안겨주고, 뒤표지는 여운을 남기니까요.

다시 그림책을 보세요. 앞뒤 표지를 가르며 한가운데 놓인 한 줄, 그곳을 뭐라고 부르는지 아시나요? 네, '책등'입니다. 보통 그곳에 제목과 지은이, 출판사 등 책에 대해 간추린 정보가 박혀 있지요. 책꽂이에 꽂았을 때 보이는 부분이 바로 여기예요. 도서관에서 책꽂이에 책을 꽂을 때, 책등을 미리 알려주면 "애들아, 책등이 보이게 정리하자" 하고 말할 수 있지요.

그렇다면 이제 다시 그림책을 원래대로 되돌려놓고 앞표지를 넘겨볼게요. 그다음 장을 만져보세요. 종이가 얇아졌지요? 그림책의 속살이에요. 이 부드럽고 얇은 종이들에 우리가 만날 새로운 이야기 세계가 오롯이 담겨 있어요. 이 속살을 보호하기 위해 표지가 두꺼운 거고요. 그렇다면 속살과 표지를 이어주는 부분이 꼭 필요하겠지요? 그 부분이 바로 '면지'랍니다. 예전에는 면지가 단순히 표지와 속 종이를 연결해주는 실용적인 역할에 그쳤지만 요즘에는 여기에 그림이 담긴 경우가 많아요. 그것도 특별한 그림이요. 그래서 그림책의 구성을 이야기할 때마다 면지를 강조하게 돼요. 면지를 제대로 보지 않고 지나치는 분이 많거든요. 한번 보세요. 면지에 그림이 그려져 있지 않나요? 물론 아무것도 없을 수도 있어요. 한 가지 색으로 이루어진 넓은 여백의 면지가 보통이니까요. 그렇지만 그림이 있다면, 아주 작은 크기라도 어떤 그림이 그려져 있다면, 자세히 봐두세요. 면지 속 그림이 그림책을 제대로 만나는 데 중요한 실마리가 되는 경우가 많으니까요.

면지를 지나 한 장 더 넘겨보세요. 제목화면이 나왔을 거예요. 대개는 제목화면 옆(왼쪽) 또는 뒷면에 그림책의 중요한 정보-지은이 소개, 그림책이 세상에 태어난 생일(출간일)과 만든 사람들 이름, 저작권에 대한 내용 따위-가 담겨 있어요. 지은이 소개가 그림책 내용과 닿아 있는 재미난 이야기라면 살짝 읽어주세요. 또 출간일이 책 내용을 이해하는 데 아주 중요하다면 미리 귀띔해주는 것이 좋겠지요. 이제 제목화면 보실까요? 글씨만 있나요? 그럴 수도 있지만 대개 그림이 함께 곁들여 있을 거예요. 제목글씨와 지은이, 출판사 정보와 같이 말이지요. 제목글씨 아래 박힌 그림들은 여러 가지 역할을 합니다. 주인공 소개일 때도 있고, 짤막한 예고일 때도 있지요. 그러니 그림이 있다면 잠시 멈춰 살펴보세요. "어? 이게 무슨 그림일까?" 하면서 제목화면에 머물러 아이와 이야기를 나눠보세요. 그림책 속으로 바짝 다가가는 마음이 생겨날 테니까요. 그런 다음 우리가 만나는 것이 바로 본화면입니다. 드디어 그림책의 이야기가 시작되는 본화면!

사실 본화면 이전에 우리는 앞표지, 면지, 제목화면을 마주합니다. 그 부분을 지나면서 벌써 그림책을 만난 셈이고요. 앞표지로 첫인상을 마음에 새기고, 면지로 뭔가 궁금한 마음도 품으며 제목화면으로 '어, 이건 또 뭐지?' 하면서 한 장 한 장 호기심 가득한 마음으로 그림책을 넘긴 거지요. 마치 여러 개의 문을 열고 한 걸음 한 걸음 새로운 세상 속으로 들어가듯이 말이에요. 자, 그렇게 도착한 멋진 이야기 세상! 그게 바로 본문, 그림책 내용이지요.

이야기가 끝나면 다시 면지를 만나게 됩니다. 잠깐, 건성으로 넘기지 마세요. 뒷면지에 또 다른 그림이 있을 수도 있으니까요. 특히 앞면지에 그림이 있었다면 다시 한 번 살펴보세요. 앞뒤 면지 그림이 똑같을 수도 있지만 같은 듯 다른 경우가 있답니다. 그때는 달라진 점과 그 까닭을 찾는 재미가 쏠쏠하지요.

이제 그림책을 뒤집어보세요. 한 번 더 그림책의 내용을 음미하게 만드는 구석이 있을 거예요. 뒤표지를 보지 않고 그림책을 내려놓으면 화장실에서 응가하고 뒤를 닦지 않은 것과 마찬가지예요. 『이슬이의 첫 심부름』(한림출판사)은 제목화면부터 이야기가 시작해 뒤표지까지 이어져요. 본화면에 나온 장면이 아닌 또 다른 장면, 끝난 줄 알았던 이야기의 다음이 뒤표지에 담겨 있는 거지요.

감자 심을 때마다 아이들과 만나는 그림책 『감자에 싹이 나서』(낮은산)도 그래요. 앞표지부터 시작한 이야기가 면지와 제목화면까지 쭉 이어져 본화면에 닿습니다. 감자에 싹이 나고 끝인가 싶은데, 책장을 덮으면 뒤표지에 피어난 감자꽃이 눈에 들어와요. 감자에 싹이 나서 잎이 나고…… 감자꽃을 피운 거지요! 이처럼 그림책의 구성을 최대한 활용하는 작가들이 있답니다. 그러니 본화면만 보지 말고 그림책의 머리부터 발끝까지 꼼꼼히 만나보세요.

그리고 아이들이 무척 호기심을 보이는 '이것'도 알려주셔야지요. 그게 뭐냐고요? 가느다란 세로줄이 여러 개 그려져 있고 일련번호가 새겨져 있는 거예요. 이걸 찍으면 책의 가격을 알 수 있답니다. 네, 맞습니다. 바코드. 돈을 주고 사는 다른 물건들처럼 그림책에도 바코드가 찍혀 있어요. 아이들에게 한번 일러주면 모든 바코드에 관심을 갖는 계기가 돼요. 아이들이 그림책 만들 때도 바코드를 그려 넣고 자기가 정한 책값을 적어놓지요.

그림책을 또 뒤집어 앞표지와 다시 마주해보세요. 어떤 느낌이 드나요? 그림책의 얼굴과 마주한 기분이 어떠세요? 그림책의 각 부분들, 다시 한 번 소리 내어 불러볼까요? 앞표지, 책등, 면지, 제목화면, 본화면, 뒤표지!

이렇게 찬찬히 그림책의 구성을 살펴보는 시간은 중요합니다. 그렇다고 새 학기 첫날부터 욕심내어 다짜고짜 알려줄 필요는 없어요. 아무래도 한 달 정도는 낯선 환경에 낯선 선생님, 낯선 친구들까지 아이들이 마음 써야 할 일이 많기 때문이지요. 좋은 그림책을 읽어주며 차분히 아이들이 새로운 환경에 익숙해질 때까지 기다린 다음, 어느 순간 책 한 권을 함께 살펴보며 차근차근 알려주는 시간을 가져보세요. 그림책을 바라보는 아이들의 눈이 달라질 테니까요.

구성을 알게 된 아이들은 그림책을 더욱 자세히, 꼼꼼하게 만나게 됩니다. 책 한 권이 어떻게 만들어지는지, 이야기가 그림책이라는 형태에 어떻게 담기는지 알고 나면 책을 대하는 자세가 달라지고 흥미도 더 커지니까요. 어른들도 마찬가지예요. 그림책의 구성을 알게 되면 보이지 않던 것들이 보이기 시작하고 전보다 그림책을 오래 들여다보는 자신과 만나게 될 거예요.

　이제부터라도 그림책, 머리부터 발끝까지 자세히 들여다보세요. 그림책 읽기가 분명 더 신나고 즐거워질 겁니다.

잠깐, 그냥 넘기지 마세요!
- 알고 보면 참 재미있는 면지 이야기

그림책의 구성에 대해 이야기할 때마다 그동안 '면지'를 그냥 지나쳤다고 고백하는 분들이 많아요. 표지 제목 읽고 나면 바로 책장을 몇 장 넘겨 글이 시작되는 부분부터 읽어줬다는 거지요. 하지만 면지를 꼭 살펴보세요. 한 가지 색으로만 채워진 면지라도 그냥 지나치지 말고 아이들과 그 색이 무슨 색인지, 어떤 느낌인지 이야기를 나누며 살펴보세요. 앞면지를 만날 때는 마음속에 호기심과 궁금증이 일어나고, 뒷면지를 만날 때는 느낌표(!)가 떠오르면서 나누고 싶은 이야기가 하나둘 생겨날 테니까요.

이보나 흐미엘레프스카의 그림책 『비움』(고래뱃속)을 들춰봅니다. 표지를 지나 만나는 온통 파란색의 면지. 이 색감이 중요합니다. 이 파랑은 어디서

왔을까요? 작가는 왜 굳이 이 색으로 앞뒤 면지를 채웠을까요?

궁금한 마음 품고 그림책 이야기를 따라가다 보면 '비움'이라는 제목 글자 아래 'Room in the heart, BIUM'이라는 영어 제목이 새삼 눈에 들어오지요. '파랑'과 '비움'이 참 잘 어울린다, 생각하게 되고요. '가슴속 (비워놓은) 공간'과 '파랑'을 포개어놓으며, 서로 어우러지는 모습을 마주합니다. 가슴에 푸른 물결, 시원한 바람이 일어나요.

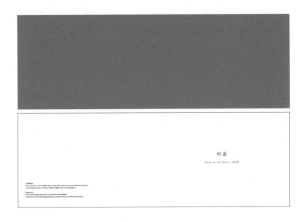

면지를 알고 눈여겨보기 시작하면 참으로 다양한 면지가 있다는 사실을 새삼 깨닫게 됩니다. 『비움』처럼 단색으로 된 면지가 있는가 하면 『지각대장 존』(비룡소), 『프레드릭』(시공주니어), 『안 돼, 데이빗!』(지경사)처럼 글자가 가득한 면지도 있어요.

무엇보다 흥미로운 면지는 그림이 담겨 있는 경우예요. 특별하게 앞뒤 그림이 다른 면지가 있는데, 『민들레는 민들레』(이야기꽃)가 그렇답니다. 한번 볼까요?

앞면지에 서로 다른 아이들 얼굴이 보입니다. 가만히 살펴보면 갈라진 틈 있는 담장을 바탕으로 얼굴들 사이사이, 민들레 씨앗이 바람 타고 두둥실 날아가고 있어요. 섬세하게 표현된 민들레 씨앗에 비해 굵은 선의 아이들 얼굴은 마치 아이가 뚝딱 그린 듯 서툴고 제각각이지요. 한편으로는 '민들레는 민들레'라는 제목을 떠올리며 표지를 넘기자마자 아이들 얼굴을 보여주다니 무슨 까닭일까 싶습니다. 물론 민들레 씨앗이 그려져 있기는 하지만 날아가는 민들레 씨앗보다 먼저 눈길이 가는 건 재미난 표정의 여러 아이들 얼굴이거든요.

책장을 후루룩 넘겨 뒷면지를 마주합니다. 이번엔 꽃들이 가득합니다. 앞면지 담장과 똑같은 담장을 배경으로 서로 다른 꽃들. 그것도 앞면지에서 봤던 아이들 얼굴이 있던 그 자리 그대로 똑같은 자리에 그려진 꽃들이라니……

민들레 씨앗은 사라지고 없습니다. 씨앗들이 떨어져 뿌리를 내리고 꽃으로 피어난 걸까요. 아하, 무릎을 탁 칩니다. 고요히 떠오르는 생각, 그리고 가슴을 파고드는 작가의 마음.

아이＝꽃

작가는 중요한 사실을 일러주기 위해 면지에 특별한 그림을 넣어둔 게 아닐까요. 바로 아이들은 모두 꽃이라는 사실! 서로 생김새도 다르고 꽃으로 피어나는 시기도 모두 다르지만 변함없는 진실은 아이들은 저마다 자기답게 피어나는 꽃이라는 사실.

가슴에 번져오는 작은 울림. 다시 앞으로 책장을 넘겨 김장성 작가의 소개 글을 살펴봅니다.

"어디에 있든 어떻게 있든 무엇을 하든, 민들레는 민들레인 것처럼, 누구나 참다운 제 모습을 지키고 가꾸며, 자기답게 살 수 있는 세상을 바랍니다."

철학책 한 권을 읽은 듯 마음이 환해지고 넓어지는 이야기. 이제 찬찬히 책장을 넘기며 이야기를 만나면 민들레를 통해 전하고 싶었던 작가의 남다른 마음을 오롯이 느낄 수 있지요. 고개를 끄덕이며 앞뒤 다른 면지에 펼쳐놓은 작가의 바람에 물들게 돼요.

반면 그림책 『까불지 마!』(논장) 앞면지는 독특합니다. 한 아이의 여정이 실선으로 담겨 있거든요. 그런데 아이의 모습을 자세히 들여다보니, 출발부터 눈썹은 처져 있고 울상인 것이 좀 안돼 보여요. '왜 그러지? 아, 겁이 많구나. 두려워하는구나', 누구라도 이렇게 생각할 거예요. 길을 지나치는 동안 마주치는 늑대와 고양이부터 이 아이가 두려워하지 않는 것이 없어요. 마지막 집 앞에 이르러서도 아이는 식은땀을 흘리며 두 눈 감고 후다닥 달려 들어갑니다. 한 장 넘겨 제목화면 마주하면 현관문 열고 들어서자마자 숨을 헐떡이며 땀 닦는 아이의 얼굴을 볼 수 있어요. 이야기의 시작인 셈이지요.

그렇다면 뒷면지에는 어떤 그림이 있을까요? 실선의 길이 사라지고 말끔해진 바탕 오른쪽 귀퉁이에 붉은 띠를 머리에 두른 주인공 아이의 옆모습이 박혀 있습니다. 결연한 의지가 느껴지는 얼굴과 달려가는 옆모습이 당차 보입니다. 앞면지와는 사뭇 다른 모습입니다. 이 변화는 어디서 왔을까요? 바로 '까불지 마!' 주문의 힘을 보여주는 본화면, 이야기의 힘에서 왔겠지요.

이번에는 『커졌다!』(사계절) 그림책의 앞뒤 면지를 살펴볼까요? 책꽂이는 그대로라고요? 맞아요. 면지의 배경을 이루는 책꽂이, 그리고 책꽂이에 꽂혀 있는 책들은 바뀐 것이 없어요. 하지만 책꽂이 앞에 선 아이의 모습은 어떤가요? 책꽂이에 꽂힌 수많은 책 가운데 색깔이 있는 단 한 권, 그림책 제목과 같은 『커졌다!』의 책등을 향해 손을 뻗고 있는 아이. 앞면지에서는 뒤통수만 보여요. 그런데 뒷면지에서는 환히 웃는 얼굴이 보여요. 무엇보다 앞면지에서는 깨금발로 있는 힘껏 손을 뻗어봐도 잡히지 않던 책이 뒷면지에서는? 손에 들어와요. 깨금발도 들지 않았는데 책이 손에 닿아요. 정말 커졌어요. 아이들에게 보여줬을 때 아이들이 기쁜 목소리로 이렇게 외쳤지요.

"와, 커졌다!"

주인공 얼굴이 달라진 면지가 또 있습니다. 『눈물바다』(사계절, 위 그림)와
『할까 말까?』(한솔수북, 아래 그림)가 그래요. 달라진 까닭은 역시 앞뒤 면지
사이에 담긴 본화면에서 찾을 수 있어요.

그런가 하면 흥미로운 방법으로 차이를 드러낸 그림책도 있습니다. 마치
물결 위에 비친 그림자처럼 앞뒤 면지를 독특하게 형상화한 박경진 작가의
『팥죽 할멈과 호랑이』(보리)가 그래요. 집채만 한 호랑이가 나타나 깜짝 놀란
할머니의 무섭고 두려운 마음이 가득 담긴 앞면지에 비해 뒷면지에는 힘을

합해 호랑이를 물리친 자라와 사물들이 할머니와 함께 춤을 추는 통쾌하고 즐거운 모습이 담겨 있어요. 앞면지에서는 할머니의 외마디 비명이 들리는 것 같지만 뒷면지의 그림을 마주하면 흥겨운 노랫가락이 들려오는 듯합니다.

참, 면지에 지도가 그려진 그림책도 있어요. 『반쪽이』(보림)처럼 면지에 지도가 담겨 있으면 이야기가 펼쳐질 공간에 대한 기대를 품게 되지요. 가슴과 머릿속에 이야기 길이 난

다고나 할까요? 『사시사철 우리 놀이 우리 문화』(한솔수북) 그림책은 일 년 열두 달의 시간을 마을 길로 표현해 앞면지에서 어른과 아이가 마을에 들어서는 모습을, 뒷면지에서 구경 다 하고 나가는 뒷모습을 보여줘요. 이런 사실을 알아차리면 아이들은 무척 즐거워합니다. 눈에 불을 켜고 앞뒤 면지를 뒤적이며 달라진 점을 찾아내려고 해요.

이 밖에도 『오빠 생각』(파랑새), 『들꽃이 핍니다』(한솔수북)처럼 시간의 흐름을 보여주는 면지가 있는가 하면, 『줄줄이 꿴 호랑이』(사계절) 속 '깨', 『팥이 영감과 우르르 산토끼』(길벗어린이) 속 '팥'처럼 앞뒤 동일하게 이야기의 중요한 소재를 보여주는 면지도 있어요. 『달 샤베트』(책읽는곰)처럼 이야기가 시작되는 본화면 같은 면지도 있고요.

알고 보면 참 재미있는 면지 이야기! 여럿이 함께 그림책을 사이에 두고 마주 앉아 찬찬히 읽어보고 샅샅이 훑어보며 두루두루 나누면 더욱 신나고 즐거워요. 꼭 한번 경험해보세요!

특별한 그림책과의 즐거운 만남
- 색다른 그림책 고르기

매년 새 학기를 맞아 아이들과 만나는 첫날이면 왠지 모르게 가슴이 뛰어요. 아이들에게 처음으로 보여줄 그림책을 고르노라면 괜히 떨리기까지 하지요. 처음이기에 조심스럽고 더욱 마음 쓰이는, 새 학기 그림책과의 첫 만남!

꼭 새 학기가 아니어도 그림책을 새롭게 만나는 자리를 마련하고 싶을 때, 뭔가 남다른 그림책을 찾게 돼요. 낯선 자리에서 첫 번째로 보여줄 그림책을 고를 때도 마찬가지지요. 색다른 그림책으로 마음을 확 끌어당기고 싶어져요. 뒤이어 만나게 될 그림책들에도 마음을 활짝 열 수 있게 말이지요.

지금부터 특별한 그림책 몇 권을 예로 들어 신나게 그림책과 만나는 방법을 알려드릴게요. 『휘리리후 휘리리후』(웅진주니어)는 책을 거꾸로 들고 보아도 제목이 똑같아요. 표지 그림도 마찬가지고요. 신기하게도
표지뿐 아니라 본화면도 그래요. 끝까지 읽고 휙 뒤집으면
이제까지 본 그림이 또 다른 모습으로 나타나며 이야기가
이어져요. 가만가만 읽어나가다가 마지막에 휙 뒤집을 때 놀라는 아이들의 표
정, 궁금하지 않으세요? 이 책을 보여줄 때는 제목을 아이들과 함께 읽어보세
요. 주문을 외듯 모두 한마음으로 "휘리리후, 휘리리후!"라고 외치게 하는 거
예요. 아이들이 제각각 소리를 내다가 마음을 맞춰 한목소리를 낼 때, 그 순간
표지를 뒤집어서 보여주는 거지요. 주문 소리에 마법이 일어난 것처럼 호흡을
 맞춰서요. 그럼 아이들은 금세 알아차릴 거예요, 무슨 일이 일
어났는지. 그러고는 책의 내용을 궁금해하는 눈빛으로 선생님
을 바라보겠지요. 이렇게 뒤집어서도 읽을 수 있는 그림책으로
『기묘한 왕복 여행』(아이세움)도 있어요. 흑백의 단순한 그림이
뒤집히는 순간, 놀라운 풍경의 변화를 느낄 수 있답니다.

설렘과 호기심은 아이들을 그림책의 세계로 초대하는 데 무척 효과적이에
요. 일단 마음이 그림책 곁으로 바짝 다가서고 나면 아이들은 자연스럽게 그
림과 이야기에 빠져들어요. 이럴 때 함께 그림책을 읽는 거예요. 『휘리리후
휘리리후』 뒷부분에 마법사가 나타나 "'휘리리후'라고 말해 봐" 하는 대목에
서 다 같이 큰 소리로 외쳐보게 하세요. 마음을 비우고 몰입하게 하는 데 소
리치기만큼 좋은 것도 없으니까요. 반복되는 말을 함께 소리 내어보고, 인상
적인 말을 다 같이 외쳐보기. 아이들을 그림책 읽기에 즐겁게 참여시키는 좋
은 방법 중 하나랍니다.

『점이 모여 모여』(창비)는 또 다른 방법으로 그림책 세계에 풍덩 빠져볼 수 있는 그림책이에요. "자, 모두 손가락 하나 들어보자. 그리고 점 하나 콕, 찍어볼까? 이 점이 모여, 모여……" 이렇게 시작하는 이 책은 손가락 하나로 그림책의 세계를 내 마음에 그려볼 수 있어요. 한 장면씩 넘기다가 쫙 펼쳐 보여줄 수 있어 매력적이지요. 뒷면에는 또 다른 이야기가 실려 있어, 다시 한 번 손가락 그림을 그려볼 수 있답니다. 게다가 손가락으로 그림책을 만져보며 볼록한 그림과 점자를 만나볼 수도 있어요.

『점이 모여 모여』에는 독립된 짧은 이야기 두 개가 앞뒤로 담겨 있어요. 한 장 한 장 넘기듯 볼 수 있지만 길게, 점점 길게 펼쳐가며 읽을 수도 있지요. 앞뒤 모두 글과 그림이 있는 까닭에 오른쪽에서 왼쪽으로 넘기며 볼 수도 있고 왼쪽에서 오른쪽으로 넘기며 볼 수도 있답니다. 무엇보다 눈을 감고도 손 끝으로 그림을 느낄 수 있어요. 만 3세 반 아이들이 반짝이는 눈으로 이 그림책을 쳐다보던 기억이 나네요. 만져보며 신기해하던 모습도요. 이 책을 비롯한 '점자 촉각 그림책' 시리즈는 시각 장애 어린이들과 함께 읽을 수 있는, 눈과 손과 마음으로 보는 새로운 형태의 그림책들이에요. 같은 시리즈로『나무를 만져 보세요』와『열두 마리 새』가 있습니다.

『점이 모여 모여』처럼 펼쳐서 보여줄 수 있는 그림책으로『수잔네의 봄』(보림)을 비롯한 사계절 시리즈와 백희나 작가의 『어제저녁』(책읽는곰) 등이 있어요. 이 책들을 읽어준 다음, 교실 한가운데 펼쳐 세워서 안과 밖이 나뉘는 그림책 집을 지어보세요. 아이들이 그림책과 그림책을 연결하면서 만져도 보고 자세히 들여다보며 친구들과 더불어 놀이하듯 즐겁게 그림책을 만날 수 있어요.

표지부터 이야기가 시작되는 『어제저녁』은 여러 동물이 주인공으로 나와요. 작가는 아파트에 사는 동물들이 저마다 다른 공간에 살고 있지만 서로 닿아 있는 이웃이라는 사실을 독특한 방식으로 그림책에 담았어요. 글 문법이 여느 그림책과 달라 낯설긴 하지만 아이들에게 익숙한 아파트  공간이라 펼쳐놓고 서로 이야기를 지어 놀이하기에는 어려움이 없어요. 수잔네 시리즈가 단면으로 이루어진 데 비해『어제저녁』은 양면이어서 안팎으로 보며 이야기를 나눌 수 있어 좋아요.

병풍 그림책 펼쳐놓고 집 놀이 하며
신나게 그림책 만나기

『수잔네의 겨울』 보며 이야기 나누기

수잔네 시리즈는 계절이 바뀔 무렵 두 권을 함께 보여주기에도 좋답니다. 그림책 집에 들어가 여기저기 기웃거리며 같은 점과 다른 점을 찾아볼 수 있으니까요. 예를 들어 겨울에서 봄으로 넘어가는 3월이라면『수잔네의 겨울』

과 『수잔네의 봄』을 함께 보여주는 거예요. 겨울을 지나 봄이 되면서 달라진 수잔네 동네 풍경이 도드라지거든요. 사람들의 달라진 모습을 찾는 재미도 있고요. 그림책 집 속에서 친구들과 그림책에 담긴 이야기들을 찾아내고 지어내며 도란도란 이야기 나누는 모습, 참 멋지지 않나요? 또 다른 병풍 그림책으로 『세상의 낮과 밤』(보림)이 있어요. 그림책 각 장면이 모두 연결되어 이어지지요. 4미터나 되는 책을 펼쳐놓으면 앞뒷면에 가득 담긴 세상의 낮과 밤 풍경 속에서 지구 곳곳에 사는 여러 동물들을 만나볼 수 있답니다. 꼭 병풍 그림책이 아니어도 괜찮아요. 저마다 고른 책을 펼쳐 세워서 그림책 집을 짓고 그 안에 들어가 친구들과 안팎을 오가며 책을 만나는 경험은 아이들에게 색다른 즐거움을 안겨줄 거예요.

　특별한 그림책으로만 아이들과 만나야 하느냐고요? 꼭 그렇지는 않아요. 정성스러운 마음을 담아 낭독해주는 것도 참 좋아요. 몇 가지 기술을 익히면 더 맛깔나게 낭독할 수 있답니다. 다음 이야기에서 낭독의 기술, 즉 같은 목소리라도 아이들 마음에 새롭고 낯설게 다가서는 방법을 알려드릴게요.

맛깔나게 그림책 읽으려면
- 낭독의 기술

낭독의 기술에 관한 내용은
『여섯 살, 소리 내어 읽어라』(홍경수, 21세기북스)를 참고했습니다.

글을 시작하기 전에 한 가지 부탁드릴 게 있어요. 바로, 소리 내어 읽기! 이 글을 눈으로만 보지 말고 소리 내어 읽어주세요. 삼삼오오 모여 주거니 받거니 하면서 읽으면 더욱 좋고요. 그럼 먼저 제목부터 소리 내어 읽어볼까요?

그동안 그림책 읽는 맛 어떠셨나요?

아니, 이렇게 물어볼게요. 그동안 그림책 읽어주기 어떻게 하셨나요?

종종 선생님이나 부모님 들에게서 그림책 읽어주기에 자신이 없다는 고백을 들어요. 그림책 읽어주기를 구연동화와 똑같다고 여기는 분들이 생각보다 많더라고요. 목소리에 자신도 없는데 등장인물들의 목소리를 다양하게 차별화해서 읽어줘야 한다고 생각하니 부담스럽다는 거예요. 하지만 그림책 읽어주기는 구연동화와 달라요. 자연스럽게, 마음을 담아 읽어주면 되거든요.

　사실 그림책 읽어주기란 어렵지 않은 일이지요. 그림책만 있다면 누구나 펼쳐 들고 한 장 한 장 넘기며 아이들에게 읽어줄 수 있으니까요. 그렇다 보니 그림책을 '그냥' 읽어주는 경우가 많은데, 아이들과 그림책 사이에 마음이 오가는 다리를 놓으려면 챙겨야 할 것들이 있어요. 한 가지는 그림책으로 뭘 어떻게 해보겠다는 욕심과 기대를 버린 '순수한 마음'이고요, 다른 하나는 '낭독의 기술'이랍니다. 이 두 가지를 품고 있으면 그림책 읽는 맛이 달라져요.

　예를 들어 『사과가 쿵!』(보림)의 제목에서 강렬한 인상을 주는 대목은 '쿵!'입니다. 음량과 음높이, 무엇보다 느낌표(!)를 어떻게 표현하느냐가 관건이지요. 느낌표는 감탄이나 놀람, 부르짖음, 명령 등 강한 느낌을 나타낼 때 쓰는 문장부호니까 그 느낌을 보여주며 읽어야 해요. 눈을 동그랗게 뜨든 주먹을 내리치든 발을 구르든, 몸짓으로 보여주면서요. 어떤 의미인지 잘 알지만 민감하게 반응해 읽어주지 못할 때가 많은 문장부호, 정확하게 표현해주는 것이 중요합니다. 마침표(.)가 찍힌 곳에서는 정확하게 끝내고 쉼표(,)가 있는 곳은 한 박자 쉬어가며 물음표(?)는 그야말로 물으면서 읽어주는 거지요.

　그럼 본격적으로 낭독의 기술을 알아볼까요?

　첫 번째는 '정확하게 읽기'예요. 문장부호뿐 아니라 그림책에 담긴 글을 정확하게 분명한 발음으로 읽어주기! 당연한 거 아닌가 하는 분들도 있겠지만 생각보다 쉽지 않아요. 약간의 긴장감도 필요하지요. 대충 읽다가는 실수하기 쉬우니까요. 운동할 때 준비체조를 하듯, 그림책을 읽어주기 전에 입을 크게 벌려 '아, 에, 이, 오, 우!'를 발음하며 입을 풀어주세요. 읽어줄 그림책을 미리 읽어보는 것도 큰 도움이 되지요.

정확하게 읽는 것 못지않게 감정을 넣어서 읽어주는 것도 중요해요. 두 번째 낭독의 기술은 '감정을 넣어서 읽기'랍니다. 반짝이는 눈빛으로 생기 있게, 아이들의 눈을 마주하며 읽기! 감정을 살려 전하면 아이들의 마음도 그림책에 바짝 다가서게 됩니다. 그리고 자기도 모르게 출렁이는 감정의 파도를 느끼며 뜻밖의 말을 뱉어내기도 하지요. 물론 읽어주는 사람도 마찬가지예

요. 표지부터 마음을 확 사로잡는 『화가 둥! 둥! 둥!』(시공주니어)이나 『눈물바다』를 읽어주다 보면 한순간 마음이 소용돌이치다가 마지막 장면에 이르러서는 고요해집

니다. 감정을 제대로 넣어 그림책을 읽는 맛은 정말이지 특별해요. 다 읽고 나서도 여운이 오래도록 가슴에 남으니까요. 글이 적은 그림책이라고 순식간에 뚝딱 읽어치우면 안 돼요. 글이 적을수록 그림에 담긴 이야기를 찾아보며 아이들과 대화하듯 읽어주세요. 감정을 넣어 읽으려면 글뿐만 아니라 그림도 눈여겨봐야 한다는 사실 잊지 마시고요.

낭독의 기술 세 번째는 '목소리 변화 주기'예요. 타고난 목소리는 바꿀 수 없지만 음량이나 음높이, 속도를 달리해 변화를 줄 수 있지요. 각 변화의 특성들을 잘 알아두었다가 그림책을 읽어줄 때 상황에 맞게 사용하면 매력적인 낭독을 할 수 있습니다. 한층 생생한 느낌을 전달하면서 말이지요. 주사 맞기 싫어하는 아이의 심리가 잘 담긴 『앗! 따끔!』(시공주니어)을 예로 들어볼게요.

우선 '앗! 따끔!'이라는 제목은 어떻게 읽으면 좋을까요? 음량과 음높이를 높여서 큰 소리로 읽을 수도 있고 음량은 떨어뜨리고 음높이만 높여서 읽을 수도 있을 거예요. 음량은 소리 양을 조절해 변화를 주는 것인데, 음량을 떨어뜨리면 다음 내용에 대한 기대가 커지는 효과가 있지요. 그리고 제목과 같은 표현이 본화면에도 나오는데 표지를 읽을 때와는 느낌이 좀 달라요. 제목은 표지의 첫인상을 살려 호기심 어린 목소리로 자유롭게 읽어도 좋다면, 본화면에서는 주인공인 준혁이의 속마음('어? 생각보다 아프지 않네?')을 살려 읽어주는 것이 좋겠지요.

좀 더 구체적으로 살펴볼까요? 이야기는 이렇게 시작합니다. "준혁아, 아침 먹고 병원에 갔다 오자" 열이 나는 준혁이를 걱정하는 마음이 담긴 엄마의 이 말은 음높이를 낮추고 나긋나긋하게, 천천히 읽어주면 잘 어울리지요.

그런가 하면 "엄마! 난 준혁이가 아니에요"라고 이어지는 준혁이의 말은 주사 맞기 싫어하는 아이의 마음을 담아 '엄마'와 '아니에요'에 강세를 두어 읽으면 재미있어요. 이 문장은 계속해서 반복되니까 같은 방법으로 읽어주면 좋지요. 그리고 이어지는 문장 "난 사자예요"는 그림 속 사자처럼 으르렁거리는 표정을 담아 음량을 잔뜩 높여 읽어주는 거예요. "난" 하고 잠시 멈추었다가 사자가 확 달려드는 것처럼 "사자예요!"라고 소리쳐 읽으면 아이들이 깜짝 놀라 입을 쩍 벌렸다가 이내 깔깔거려요. 까꿍놀이처럼 재미가 쏠쏠하거든요.

이 '멈춤'도 참 매력적인 기술인데, 어떤 부분을 강조하거나 호기심을 자극할 때 대단히 효과적이랍니다. 『앗! 따끔!』의 마지막 장면에서도 쓸 수 있어요. "나, 악어 아닌데요?" 하고 마지막 책장을 넘길 때 가만히 멈추고 '어, 그럼 누구라는 거지?'라는 눈빛으로 아이들을 쭉 훑어보는 거예요. 그러다 짠, 하고 책장을 넘기며 "난 씩씩한 오준혁이에요!"라고 외치는 거지요. 그러면 씩 웃는 준혁이의 얼굴을 보면서 아이들도 미소 지을 거예요.

낭독의 기술은 눈으로 읽고 머리로 이해하기만 한다고 되지 않아요. 반드시 연습이 필요하지요. 한 번에 달라지지는 않을 거예요. 그림책 한 권에 한 가지씩만이라도 실천해보세요. 자꾸 하다 보면 점점 실력이 늘어요. 읽어주는 재미도 차차 깊어질 테고요. 이렇게 저렇게 도전하다 보면, 이야기의 흐름이나 아이들의 반응에 따라 자연스럽게 목소리를 변주해가며 그림책을 읽어주는 자신을 마주하게 된답니다. 또 혼자보단 여럿이 연습하는 것도 도움이 돼요. 2009년부터 부모님들과 그림책 공부 모임을 하고 있는데, 낭독의 기술을 살펴보고 그림책 읽기를 해보니 확실히 이전과 달라진 모습을 볼 수 있었어요. 여럿이 소리 내어 읽으며 서로의 낭독을 들어보는 시간이 큰 도움이 되더라고요. 주변 사람들과 그런 자리를 만들 수 있다면 꼭 한번 마련해보세요.

무엇이든 일단 시작해보세요!

보고 듣고 즐기고
- 그림책 이야기 들려주기

그림책 읽는 맛에 이어 보고 듣는 맛에 대해 이야기해보려고 해요. 누군가에게 직접 그림책을 읽어주는 것과 다른 사람이 읽어주는 그림책을 보고 듣는 것은 느낌이 많이 다르지요. 혼자 읽어본 그림책이라도 다른 사람이 들려주면 더 재미나게 느껴질 때가 많아요. 왜 그럴까요? 혼자서 글 좇으며 책장넘기다 보면 그림을 샅샅이 살펴보기 어려워요. 하지만 누군가 그림책에 담긴 글을 읽어주면 온전히 그림을 바라볼 수 있지요. 귀로 이야기를 들으면서눈으로는 그림을 훑어보는 거예요. 그림이 품고 있는 이야기들을 새롭게 찾아내면서 말이지요.

그렇기 때문에 아이들에게 그림책을 보여줄 때는 서두르면 안 돼요. 앞표지부터 찬찬히, 아이들이 그림을 보고 느끼며 스스로 이야기를 발견할 수 있게 적당히 기다리면서 보여줘야 해요. 그냥 기다리는 방법도 있지만 몇 마디 던지며 그림에 숨은 이야기 단서들을 찾을 수 있게 도와줄 수도 있지요.

단순하지만 단박에 눈길을 사로잡는 표지가 인상적인 『도둑을 잡아라!』(시공주니어)를 예로 들어볼게요. 경찰차가 불을 뿜으며 지나가는 도로가 다름 아닌 도둑의 대머리예요. 작가의 유쾌한 상상력이 돋보이는 이 그림은 무척이나 흥미로워서 아이들이 한두 마디씩 하기 마련이지요. 그럴 때 아이들의 말을 받아 되물어보세요.

"그래, 여기 경찰차가 지나가고 있네. 어디로 지나가고 있어? 이 사람은 누굴까?"

그러면 아이들은 뚫어져라 표지를 쳐다보며 이런저런 자기만의 생각들을 말할 거예요. 호기심과 궁금증으로 눈을 반짝거리면서요. 그때 짜잔, 하고 면지를 펼쳐서 보여주세요. 면지에는 도둑을 잡기 위해 기억해둬야 할 단서들이 간략한 그림으로 여러 개 담겨 있거든요.

"와, 이 그림들은 뭘까? 비슷한 그림이 여러 개 있는 것 같은데…… 어? 딱 하나 있는 것도 있네. 보이니?"

아이들은 금세 찾아낼 거예요. 빨간 안경, 교정기 낀 이, 단추가 세 개 달린 연두색 양복, 대머리를 뜻하는 노란 동그라미 등 여러 단서 사이에 숨어 있는 파란색 신발! 한가운데 붉은색으로 'M'이라는 알파벳이 박힌 이 파란색 신발은 결정적 단서가 되지요(그렇다고 신발이 중요한 단서라고 미리 알려주지는 마세요. 아이들이 스스로 발견하고 알아낼 수 있게 말이에요). 스르륵 넘겨 지나가 버리면 아이들도 마음에 두지 않고 그냥 지나쳐버려요. 그러나 일단 한번 만나게 되면, 절대로 잊지 않지요. 제대로 만나서 보고 듣는 맛을 알게 된 아이들은 어떤 그림책을 만나든 샅샅이 살펴보려 하고, 숨은 그림과 이야기들을 찾아내려 해요. 그림책과 깊이 만나는 즐거움을 알게 되는 거지요.

『도둑을 잡아라!』 그림책의 경우, 글은 많지 않아요. 글만 정확하게 읽자면 짧은 시간 안에 후딱 읽어줄 수 있는 그림책이지요. 앞서 낭독의 기술을 이야기하면서 '정확하게 읽기'를 꼽았는데, 그 말이 그림책에 담긴 글 외에 다른 이야기를 하면 안 된다는 뜻은 아니랍니다. 발음은 분명하고 똑똑하게 하되, 상황에 따라 그림에 담긴 이야기를 아이들과 주고받으며 얼마든지 새롭게 들려줄 수 있어야 해요.

『도둑을 잡아라!』는 목격자를 만날 때마다 단서를 하나씩 알게 되는 전개 방식을 보여주는데, 다음 장을 펼치면 대체 누가 도둑인지 헷갈릴 정도로 단서가 충족되는 사람이 여러 명 등장해요. 가로로 긴 판형이라 펼쳐지는 두 쪽의 그림은 거리 풍경을 더욱 실감나게 하지요. 글이 없지만 많은 이야기가 숨어 있는 이 장면들을 마주하면 아이들은 너도나도 자신의 생각을 펼쳐낸답니다. 서로 다른 사람을 두고 도둑이라 주장하며 실랑이를 벌이기도 하지요. 이런 장면이 나오면 아이들과 함께 이야기를 나눠보세요.

"도둑이 촌스러운 빨간 안경을 끼고 봉 치과 쪽으로 갔다고 했는데…… 아니, 빨간 안경을 낀 사람이 한두 명이 아니잖아?"

이러면 아이들은 용의자들 가운데 진짜 도둑을 찾아내려고 눈이 똥그래져

요. 서로 발견한 단서에 대해 말을 주고받을 때마다 기쁨과 즐거움으로 표정이 환해진답니다. 여럿이 함께 나눈 이야기들이 그림책의 세계를 풍부하게 만드는 순간이지요. 서로 주고받은 말과 마음들이 그림책의 이야기와 어우러져 또 하나의 이야기를 만드는 셈이니까요. 그림책을 보여주는 이와 듣는 이가 함께 이야기를 만들어가는 이런 시간은 그림책을 한층 생생하게, 살아 있는 이야기로 만나게 해요.

물론 그림책을 살아 있는 이야기로 만나게 하는 데 가장 큰 몫을 하는 건 보여주고 들려주는 사람이에요. 그림책을 읽어주는 사람이 누구보다 그 세계에 푹 빠져 있으면서 열린 마음으로 이야기를 전할 수 있어야 해요. 아이들에게서 어떤 말들이 나올지는 이야기를 시작하기 전에는 알 수 없으니까요. 이야기가 딴 길로 새거든 그림책 세계로 다시 끌어오는 것도 들려주는 사람의 몫이고, 여기저기서 터지는 뜻밖의 말들을 그림책 이야기와 엮어 새로이 지어내는 것도 들려주는 사람의 몫이지요.

그림책 듣는 맛을 제대로 알려면 부모님과 선생님 역시 그림책을 보고 듣는 기회를 가져야 합니다. 먹어본 사람이 맛을 안다고, 그림책 듣는 맛을 알아야 아이들에게 재미나게 보여주고 들려줄 수 있지요. 하지만 대개는 읽어주기에 바빠서 다른 사람에게 그림책 이야기를 들을 기회가 없어요. 그래서 선생님들에게 그림책을 읽어주면 이런 이야기를 듣곤 합니다.

"아이들에게 읽어준 그림책인데도 직접 보고 들으니까 느낌이 새로워요."

자리를 마련할 수 있다면 어른들끼리 그림책을 서로 보여주고 들려주는 시간을 가져보세요. 교사들은 회의 시간을 활용할 수 있을 거예요. 새로운 그림책도 좋고 이미 알고 있는 그림책도 좋아요. 아이들에게 여러 번 읽어준 그림책도 새롭게 만나볼 수 있는 자리가 될 거예요.

아이들에게 들려줄 그림책을 고를 때마다 아이들 마음을 미리 헤아려보게 돼요. 아이들에게는 이 그림이 어떻게 다가설지, 이 이야기를 들려주면 어떤 느낌일지, 아이들이 들려줄 이야기는 무엇일지 궁금해하면서요. 매번 그림책을 읽어줄 때 가슴이 설레는 건 아마도 그 때문일 거예요. 내가 들려주는 그림책 이야기가 어떤 맛으로 기억될까 생각하면 마음이 떨린답니다.

그림책 들려주기에 대해 도움이 될 만한 책으로 최은희 선생님의 『그림책을 읽자 아이들을 읽자』(우리교육)와 강승숙 선생님의 그림책 수업 일기 『선생님, 우리 그림책 읽어요』(보리)를 추천합니다.

세상은 넓고 그림책은 많다고요?
- 그림책 고르기

그림책 보따리를 싸 들고 나가 여러 선생님을 만날 때면 자주 듣는 이야기가 있어요.

"대체 어떤 그림책을 골라 읽어줘야 할지 모르겠어요."

"주제별로 그림책 목록을 선정해 아이들과 만나고 있는데, 다른 그림책을 읽어주고 싶을 때도 있거든요. 그럴 땐 뭘 어떻게 해야 할지 막막해요."

아이들에게 좋은 그림책을 읽어주고 싶은데 그때그때 '어떤' 그림책을 골라 읽어줘야 할지 고민이 된다는 이야기에 고개를 끄덕이는 분이 많을 거예요. 지금부터 그 이야기들을 풀어볼까 합니다.

날마다 아이들 스스로 그림책을 만나는 '10분 아침독서'를 하고 있는데,

가끔은 그 시간에 이어 선생님이 그림책을 읽어주곤 해요. 아침독서 시간에 아이들이 각자 그림책을 보기도 하지만 여러 명이 한 권을 가운데 놓고 야단스럽게(!) 볼 때도 있는데 그런 모습을 눈여겨봤다가 그 책을 모두에게 읽어주는 거지요. 그러면 아이들은 금세 그림책의 세계에 빠져들어요. 이미 책을 본 아이들은 자기가 본 책을 선생님이 읽어준다고 으쓱해서 쳐다보고, 다른 아이들은 궁금한 마음에 고개를 빼고 그림책을 바라보지요. 아침독서를 행복하게 매듭짓는 방법이자 서로서로 마음을 나누는 좋은 시간이 된답니다.

한편 선생님들끼리 이런 이야기를 주고받으면서 그림책을 챙겨놓기도 해요.

"『콧구멍을 후비면』(애플비) 어디 있나요? 요즘 콧구멍 후비는 아이들이 있어서요. 오늘도 청소하다가 책상 밑에 붙은 코딱지를 찾았어요."

"선생님, 보고 나면 우리 반으로 보내주세요. 저도 그 책 한번 읽어줘야지 하던 참이었어요."

일주일에 한 번씩 하는 교사협의회 시간에 이렇게 그림책 이야기를 나누기도 하지요.

"이번 주에 아이들과 대청소를 하기로 했잖아요. 그때 『먼지깨비』(반달)를 읽어주면 어떨까요?"

"요즘 우리 반 아이들이 성(性)에 관심이 많은 것 같아요. 그림책을 읽어준 다음 자연스럽게 이야기를 나눠보고 싶은데 뭐가 좋을까요?"

또 교실에서 일어난 구체적인 사건에 대해 이야기를 나눈 뒤, 서로 그림책을 추천하거나 유치원 책꽂이에서 관련 그림책들을 가져와 한 권 한 권 살펴보며 골라놓기도 합니다.

한번은 근처 극장에서 애니메이션 〈엄마 까투리〉를 상영한다고 해서 아이들과 극장 나들이를 했어요. 나들이 가기 전, 커다란 〈엄마 까투리〉 포스터를 유치원 입구에 붙여놓았는데 얼마나 관심들을 보이던지 며칠 동안 '까투리' 타령을 하더라고요. 그래서 영화 볼 날만 손꼽아 기다리는 아이들에게 그림책 『엄마 까투리』(낮은산)를 읽어주었지요. 그랬더니 마른땅에 봄비가 촉촉이 스며들듯 고요한 가운데 『엄마 까투리』의 이야기를 가슴에 담는 아이들의 새로운 모습을 볼 수 있었어요.

눈치채셨나요? 네, 그림책을 고를 때 잘 살펴야 할 것은 바로 우리 아이들이랍니다. 아이들의 마음이 어디 있는지 잘 살피면 함께 읽을 그림책 목록들이 생겨나지요. 아이들의 삶을 가슴에 품고 있으면 어떤 그림책을 골라야 할지 흐름과 내용을 떠올릴 수 있어요. 물론 그때마다 바로바로 목록을 떠올릴 수 있으려면 여러 가지 그림책 이야기가 선생님 마음에 있어야겠지요?

누구나 처음에는 가슴속에 담아놓은 그림책 이야기가 많지 않아요. 하지만 아이들 마음을 헤아려가며 그림책을 읽어주고 그 소중한 이야기들을 마음에 차곡차곡 쌓아두기 시작하면 자기만의 그림책 목록이 생겨나지요. 언제든 쉽게 꺼내 볼 수 있는 마음속 책장이 생겨나요. 또 그림책 이야기를 기꺼이 나눌 수 있는 이들이 곁에 있다면 어렵지 않게 마음속 책장을 채울 수 있어요.

부모님들과 그림책 공부 모임을 할 때마다 바라는 것도 바로 이것이랍니다. 공부 모임을 함께한 분들 마음속에 아이를 위한 저마다의 소중한 책장이 생겨나는 것. 아이의 마음을 헤아리는 눈을 갖고, 아이에게 읽어준 그림책 이야기를 즐겁게 나누며 서로의 소중한 목록을 공유하는 것!

몇 해 전 수차례에 걸친 그림책 공부 모임을 마친 부모님들이 따로 후속 모임을 하는 자리에 들른 적이 있는데, 출산을 앞둔 분을 위해 서로서로 그림책들을 챙겨 오셨더라고요. 동생이 태어나면 엄마나 아이 모두 달라진 시간들을 마주하게 될 거라면서 『내 동생이 태어났어』(비룡소), 『하지마 형제』(문학동네어린이), 『동생이 태어날 거야』(웅진주니어), 『달라질 거야』(아이세움), 『강아지가 태어났어요』(비룡소) 들을 꺼내놓고 마음 담은 얘기들을 한마디씩 나누더군요. 얼마나 뿌듯하고 가슴 벅찼는지 모른답니다.

이런 이야기를 풀어놓으면 어떤 분은 다짜고짜 그림책 목록 좀 알려달라고 합니다. 아이들의 삶과 만난 그림책 이야기보다 마음속 책장에 꽂혀 있다는 그림책 목록을 더 궁금해하지요. 하지만 제목만 알아서는 아이들과 마음을 나누며 그림책과 만나기가 쉽지 않아요. 우리가 만나는 아이들은 모두 다르고, 우리가 아이들과 나누는 삶의 빛깔도 제각각 다르니까요.

혹시 이런 경험 없으신가요? 좋은 그림책이라고 해서 읽어주었는데 아이들이 별 반응이 없어서 난감했다거나, 이런 부분이 좋을 것 같아서 읽어주었는데 전혀 다른 대목에서 뜻밖의 이야기가 나왔다거나 하는 경험이요. 지금, 여기, 내가 만나는 아이의 모습, 우리 반 아이들의 삶을 접어두고 밖에서 좋다고 하는 말에만 솔깃해서 그림책을 고르면 낭패를 볼 수 있습니다. 좋은 그림책도 언제 어디서 어떻게 읽어주느냐에 따라 마음에 닿는 느낌과 감동이 다르니까요.

그림책을 고를 때, 무엇보다 아이들을 먼저 생각하면 좋겠습니다. 아이들의 마음을 먼저 떠올리면 좋겠습니다. 그러려면 내가 만나는 아이들의 마음을 잘 헤아리고 있어야겠지요. 그러지 않고서는 아이들의 마음이 되어 아이들의 눈으로 그림책을 고르지 못할 테니까요.

선생님들마다 그림책과 만난 저마다의 이야기로 자기만의 그림책 목록을 만들어보면 어떨까요? 그리하여 지금, 여기, 내가 마주하는 아이들과 만날 그림책을 고를 때 남이 골라놓은 목록에 기대지 않고 내 마음이 일러주는 그림책들을 반갑게 뽑아 들면 좋겠습니다. 날마다 아이들과 마음 오가는 그림책들을 골라 읽어주다 보면 머지않아 그런 날 마주하실 거예요.

자, 그럼 오늘부터 시작!

언제 어디든 이야기 세계로 풍덩
- 밖에서 그림책 만나기

2010년, 한국형 숲유치원 시범 운영으로 한 달 동안 날마다 숲에 간 적이 있어요. '숲달'을 경험하며 놀라운 '숲의 힘'을 느낄 수 있었지요. 날마다 변화무쌍한 모습으로 아이들을 맞아주는 숲의 넉넉한 품에서 아이들은 마음껏 뛰어놀고 끊임없이 뭔가를 발견하고 만들어내며 행복한 얼굴이었어요. 숲은 교실과는 다른, 살아 있는 공간이었어요. 이후로 숲에 가는 날이 많아졌고, 2014년부터는 거의 날마다 숲에 가는 '숲반'이 생겨났답니다.

그런데 한 가지 문제가 생겼어요.

"그럼 10분 아침독서는 어떻게 하지요?"

"그러게요. 어떻게 하면 좋을까요?"

"그림책 들고 밖에 나가면 어떨까요?"

"그래도 되겠네요. 숲 한가운데 들어가 자리 넉넉하게 깔고 그림책 한 상자 펼쳐놓으면 숲 속 책방이 따로 없겠어요. 나무 그늘 아래, 앉거나 누워서 또는 엎드려서 그림책을 읽으면 그 맛도 새로울 테고요."

"그런데 여기저기 뛰어다니고 신나게 돌아다니며 놀이할 아이들이 과연 그림책을 읽으려고 할까요?"

"맞아요. 숲에 가면 둘레에 놀 거리가 가득한데 엉덩이 가만히 붙이고 앉아 그림책 보려고 할까요?"

"그러면 어떻게 하지요?"

그때 소개한 방법이 이겁니다. 그림책 없이 그림책과 만나기. 말 그대로 그림책은 눈앞에 없지만 마음속 그림책 세계를 불러와 아이들과 그림책을 만나게 하는 방법이지요.

언젠가 아이들과 동네 숲을 오를 때 이런 일이 있었어요. 날은 덥고 오르막길은 줄줄이 이어지고, 아이들이 "힘들어요, 선생님" 하며 지쳐 있을 때였지요. 그때 아이들 뒤에 있던 선생님이 「해와 달이 된 오누이」 이야기를 꺼냈어요.

"선생님이 아주 재미있는 이야기 하나 해줄까? 옛날 옛날 아주 먼 옛날에, 떡 팔러 나간 엄마가 집으로 돌아오는데, 갑자기 저기 저 언덕에서 호랑이가 나타난 거야."

이어 선생님은 오르막길을 성큼 올라가 아이들을 내려다보았어요. 그러더니 마치 호랑이인 듯 손가락을 쫙 펴고 아이들에게 달려들면서 외쳤지요.

"어흥! 떡 하나 주면, 안 잡아먹지!"

그러자 아이들은 꺅, 소리를 지르면서도 웃으며 재밌어 했어요.

"어, 나 이 이야기 아는데."

"저번에 교실에서 본 『해와 달이 된 오누이』잖아."

자기들끼리 이러면서 말이지요. 선생님은 단번에 아이들 곁으로 내려와, 이번엔 마치 엄마인 듯 말했어요.

"옜다, 떡 하나!"

아이들이 낄낄거렸지요. 선생님은 그 말을 하자마자 또다시 오르막길을 성큼 올라가 아이들을 내려다보며 말했어요.

"그런데 한 고개를 넘어가자 또, 호랑이가 나타난 거야."

이번엔 선생님 곁에 몇몇 아이가 서 있었어요. 선생님을 따라 자기도 모르게 성큼 오르막길을 올라간 거예요.

"호랑이가 뭐라고 말했을까?"

질문이 떨어지기 무섭게 아이들이 소리쳤어요.

"어흥! 떡 하나 주면, 안 잡아먹지!"

그러면서 서로 마주 보고 깔깔 웃었지요. 그렇게 마법의 주문처럼 "떡 하나 주면 안 잡아먹지!"를 몇 번이고 외치면서 모두 오르막길을 재미나게 넘었어요. 아이들 마음에 『해와 달이 된 오누이』(사계절)라는 그림책 세계가 떠올랐고, 그림책과 만나면서 힘겨운 오르막길을 가뿐하게 넘은 거예요.

3월 경칩 나들이 때는 이런 일도 있었어요. 바람이 몹시 불어 선생님들과 고민하다 나간 날이었는데 샛강 근처라 그런지 정말이지 바람이 대단했어요.

아이들이 날아갈까 봐 걱정될 정도였지요. 그런데 그 세찬 바람을 맞으며 떠밀리듯 움직이던 한 아이가 이런 말을 하는 거예요.

"선생님, 구름빵 먹고 날아가는 것 같아요!"

바람 때문에 눈도 제대로 뜨지 못하면서 그 말을 하며 두 팔로 날갯짓을 하는데, 모두 깜짝 놀랐지요. 경칩 나들이 가기 얼마 전에 강당에서 선생님들이 『구름빵』(한솔수북)을 바탕으로 만든 인형극을 보여줬거든요. 공연 앞뒤로 『구름빵』을 읽어주기도 했고요. 그 덕에 무지 힘센 바람을 온몸으로 맞는 순간, 아이의 마음속에 『구름빵』 이야기가 떠오른 거지요.

"선생님, 나도 구름빵 먹고 날아가요!"

친구의 말을 듣고 여기저기서 이렇게 외치던 아이들 모습이 눈에 선합니다. 바깥에서 『구름빵』을 특별하게 만난 순간이었지요.

사실 아이들의 말에 가만히 귀 기울이면 이런 순간들을 어렵지 않게 만날 수 있답니다. 밖에서 뛰놀며 서로 주고받는 몸짓, 더불어 하는 놀이를 지켜보고 있으면 그림책의 세계를 불러와 여기, 현실에서 신나게 상상놀이를 하는 아이들을 마주할 수 있거든요.

이렇게 아이들이 스스로 그림책의 세계를 불러오기도 하지만 때로는 선생님의 말 한마디가 그림책 세계로 아이들을 초대하기도 해요. 그런 의미에서 선생님의 마음속에 그림책 이야기가 살아 있는가가 중요하지요. 아이들과 함께 만난 그림책 이야기가 선생님의 가슴에 살아 숨 쉬어야 아이들과 더불어 나누는 삶 속에서 자연스럽게 그림책의 세계를 불러올 수 있으니까요. 아이들이 좋아하고 즐거워하는 옛이야기를 좀 더 알고 싶다면 서정오 선생님의 책들을 읽어보세요. 이야기보따리를 챙길 수 있을 거예요.

문득, 숲 속 정자에서 『이상한 나뭇잎』(웅진주니어) 그림책을 들고 나뭇잎 한 장 주워 이마에 붙였다 뗐다 하며 "안 보였다, 보였다!" 말하던 선생님의 모습이 떠오릅니다. 정자를 꽉 채워 나란히 앉은 아이들은 선생님의 목소리에 귀 기울이며 이상한 나뭇잎 이야기에 빠져들었지요. 그림책을 끝까지 다 읽은 선생님이 책장을 덮으며 이렇게 말했어요.

"여기에도 이상한 나뭇잎이 있을지 몰라."

무슨 비밀을 알려주는 것처럼 속삭이는 말투였어요.

"이마에 붙이면 순식간에 사라진 것처럼 안 보이게 만들어주는 이상한 나뭇잎 말이야."

누군가 "에이, 거짓말!"이라고 중얼거리기도 했지만 몇 명은 정자에서 내려와 땅바닥에 떨어진 나뭇잎을 뒤적였답니다. 어떤 아이들은 그림책에서 본 나뭇잎과 비슷하게 생긴 것이어야 한다며 나뭇잎 모양을 친구들에게 설명하면서 찾기도 했어요.

또 숲에 갈 때면 아이들에게 나무와 인사를 나누게 해요. 숲의 주인은 나무들과 여기 오래전부터 살고 있는 온갖 생명들이고, 우리는 잠시 머물다 가는 손님이라고 말하면서요. 나무를 껴안기도 하고 만져보기도 하면서 달라지는 아이들 표정을 볼 수 있었어요. 그렇게 나무를 가슴으로 품어본 뒤에 만나는 나무 이야기는 생생하게 와 닿지요.

나무 아래 모여 앉아 『나무는 좋다』(시공주니어)를 만나며 나무를 힐끔거리던 아이들도 떠오릅니다. 나무 마음과 아이들

그림 제공 보림(『나무는 알고 있지』)

마음을 이어주는 자리에 그림책이 함께한 것 같아 참 좋았어요.

　고구마를 캐며 텃밭에서 『아주 아주 큰 고구마』(창비)를 상상하거나 땅바닥에서 발견한 죽은 생명과 개미 떼를 보면서 『쨍아』(창비) 이야기를 나누는 아이들, 나무 아래 뛰놀면서 『나무』(시공주니어), 『나무는 알고 있지』(보림) 같은 나무 이야기를 마음에 품는 아이들을 그려봅니다.

　밖에서 만난 그림책의 세계는 그 순간 경험한 바깥 시간들과 어우러져 또 다른 빛깔, 또 다른 이야기로 마음에 남을 거예요. 그 순간이 바로 그림책의 세계가 아이들의 삶과 어우러지는 아름다운 순간이 아닐까요?

다 숨었니? 찾았다!
- 그림책과 숨바꼭질하기

아이들은 숨바꼭질을 좋아합니다. 여럿이 숨으면 술래가 찾아내고, 다른 사람이 술래가 되면 또 숨고 찾아내고, 그러는 사이 쏟아지는 웃음소리가 서로의 가슴을 기쁘게 채우는 숨바꼭질! 그림책 속에서 숨은 그림 찾아내는 숨바꼭질도 놀이 못지않게 재미있어요. 지금부터 숨바꼭질 놀이 하기 좋은 그림책들을 소개합니다.

김재홍 작가의 『숲 속에서』(길벗어린이) 그림책에서는 여러 동물을 찾아낼 수 있어요. 숲 속 곳곳에 동물 그림이 숨어 있거든요. 숨은 그림을 찾아내는 재미, 그리고 누구인지 이름을 알아맞히는 재미가 쏠쏠하답니다. 같은

작가의 『동강의 아이들』(길벗어린이)도 자연 풍경 속에 또 다른 이미지가 숨어 있는 책이에요. 표지의 바위를 잘 보세요. 커다란 새의 부리가 보이지 않나요?

『숲 속의 숨바꼭질』(한림출판사)에서는 숲 속 요정과 벌이는 숨바꼭질이 즐겁게 펼쳐져요. 오빠를 따라 울타리 사이로 기어들어 간 민희는 커다란 숲과 마주하게 됩니다. 그리고 숲 속의 숨바꼭질 요정과 만나지요. 처음에는 너무 놀라 달아나려 했지만 숨바꼭질을 하며 금세 숲 속 동물들과 즐겁게 어울려 놀아요. 민희가 술래가 되어 동물들을 찾을 때 독자인 우리도 술래가 되어 숲 그림

에 숨어 있는 동물들을 찾아낼 수 있지요. 처음에는 잘 보이지 않더라도 하나씩 찾아내기 시작하면 눈이 밝아지면서 숨어 있는 그림들을 어렵지 않게 발견할 수 있어요.

그런가 하면 숨은 그림과 더불어 또 다른 이야기를 찾아낼 수 있는 그림책들이 있어요. 앤서니 브라운의 『숲 속으로』(베틀북)에는 그림 구석구석에 옛이야기의 주인공들(잭, 헨젤과 그레텔, 『곰 세 마리』의 소녀 등)이 숨어 있지요. 글 없는 그림책 『노란 풍선의 세계 여행』(마루벌)에서도 다양한 문학작품 속 주인공들(빨간 모자 소녀, 로빈슨 크루소, 브레멘 음악대, 포세이돈, 빌헬름 텔 등)을 찾아낼 수 있어요. 우리나라 그림책 『눈물바다』에서도 양쪽으로 펼쳐지는 화면에서 산타클로스, 스파이더 맨, 박태환 선수,

북극곰 등 재미난 숨은 그림을 콕콕 집어낼 수 있어 즐거워요!

또 이야기의 흐름에 따라 상징적인 의미를 지닌 그림이 도드라지게 나타나는 그림책도 있어요. 『돼지책』(웅진주니어)에서는 엄마가 '너희들은 돼지야'라는 쪽지를 남기고 사라진 뒤부터 집 안 곳곳에 돼지 그림이 나타납니다. 심지어 아빠와 아이들조차 돼지로 변해버리지요. 그걸 발견하고 찾아내면서 아이들은 무척 신이 납니다.

『도대체 그 동안 무슨 일이 일어났을까?』(재미마주)에서는 토끼 똥을 찾는 재미가 쏠쏠해요. 식구들이 모두 외출하고 난 뒤에 토끼가 집 안 여기저기를 다니면서 즐겁게 노는 모습을 좇느라고 독자들은 마지막 장면이 나올 때까지 토

끼 똥에는 관심을 두지 않지요. 그러다가 토끼 똥을 마주하게 되면 다시 앞으로 돌아가 어디에 토끼 똥이 있었는지 찾게 됩니다. 그러면서 토끼가 아무도 모르게 놀다 돌아간 것 같지만 여기저기 자신의 흔적을 남겨놓았다는 사실을 알게 되지요.

『내 껍질 돌려줘!』(비룡소)에서는 장면마다 주인공 조개가 찾고 있는 조개껍데기를 찾아낼 수 있어요. 언뜻 봐서는 몰라요. 그래서 누군가는 이 사실을 모른 채 그림책을 덮기도 하지요. 껍데기를 찾으면서 나누는 이야기가 또 다른 즐거움인데 그걸 놓친다면 참 안타까운 일이지요.

그림책 한 권을 두고 숨어 있는 그림을 찾을 수도 있지만, 같은 작가의 그

림책을 여러 권 펼쳐놓고 같은 인물이나 비슷한 그림을 찾아보며 숨바꼭질 놀이 하듯 그림책을 만날 수도 있답니다. 예를 들면 그림 작가 쓰쓰이 요리코의 『이슬이의 첫 심부름』(한림출판사)에서 담배 사러 왔던 아저씨가 『순이와 어린 동생』(한림출판사)에도 나오고 『병원에 입원한 내 동생』(한림출판사)에도 나와요. 혹시 이 그림책들을 만난다면 꼭 한번 찾아보세요. 아이들의 관찰력이 얼마나 대단한지 알 수 있을 테니까요. 본능적으로 그림 언어에 민감한 아이들은 어른보다 더 꼼꼼하게 그림책의 그림을 보고 기억하는 일이 많거든요.

아이들과 『도둑을 잡아라!』를 보고 난 뒤 한참 지나 『비가 와도 괜찮아!』(시공주니어)를 읽어줄 때였는데 "어, 저기 경찰  차다! 저 그림, 『도둑을 잡아라!』에도 나왔어요"라고 반갑게  소리친 것도 아이들이었어요. 같은 작가가 그린 『코딱지야 고마워』(미세기)에서도 경찰차 그림을 찾을 수 있답니다.

숨은 그림을 찾아내려면 그림을 샅샅이 봐야 해요. 구석구석 살펴야 하고요. 그림책으로 숨바꼭질 놀이 하면서 이야기를 발견하고 만들어내는 생각 주머니를 키울 수 있답니다. 술래가 되어 그림책에서 숨은 그림 찾는 재미를 알게 되면 같은 그림책을 반복해서 봐도 질리지 않아요. 볼 때마다 새로운 사실을 발견할 수 있으니까요. 아이들이 같은 그림책을 몇 번이고 보여달라고 조르는 건 그래서일지도 몰라요. 이처럼 그림책과 함께한 즐거운 경험들이 쌓이면 억지로 등 떠밀지 않아도 책을 즐겨 보는 아이로 자라나지 않을까요?

시끌벅적 왁자지껄 독서시간
- 여럿이 함께 읽기

날마다 그림책을 읽어주다 보면 혼자 읽는 것보다 '함께' 읽는 것이 더 즐겁다는 사실을 자연스럽게 깨닫게 됩니다. 보통은 그림책을 읽어준다고 하면 선생님 혼자 그림책 들고 표지의 제목부터 마지막 장까지 다 읽어주는 모습을 상상하잖아요. 그런데 아이들과 역할을 나누어 함께 읽어보면 그림책과 마주하는 시간이 한층 풍부해진다는 걸 알게 돼요. 아이들과 그림책을 함께 읽는 방법은 여러 가지가 있어요. 그림책 읽어줄 때 아이들을 참여시키는 구체적인 방법들을 살펴볼까요?

클루북(Clue Book) 시리즈의 한 권인 『개구리일까, 아닐까?』(보림큐비)는 아코디언처럼 펼쳐지는 흥미로운 형태의 그림책이에요. 책장마다 그림 일부

가 서로 이어지며 전개되는 방식이 아이들의 호기심을 자극하지요. "이다음엔 어떤 동물이 나올까?" 질문을 던지면, 아이들은 고개를 빼고 저마다 한마디씩 하느라 바빠집니다. 폭이 좁은 12쪽의 책장에 무려 다섯 종류의 동물들이 숨어 있어 수수께끼 놀이의 재미를 만끽할 수 있어요. 부분만 보여주고 전체를 알아맞혀야 하는데, 각 장면이 독립적으로 한 가지 동물을 표현하고 있어 그다음을 예측하기가 쉽지 않아요. 그럼에도 엉뚱한 대답을 하는 어른들에 비해 아이들은 그다음 동물을 어렵지 않게 맞힌답니다.

『움직이는 ㄱㄴㄷ』(길벗어린이)은 각 자음이 동사를 표현하고 있는데 작가의 기발한 상상력으로 자음과 단어를 새롭게 만날 수 있어 즐거운 책이에요. 첫 장을 펴면 '가두다'의 'ㄱ'이 새장에 갇혀 있답니다. 'ㄴ'의 녹아내리는

모습 옆에는 '녹다'라는 뜻이 적혀 있고, 반창고를 붙인 'ㄷ'에는 '다치다'라는 글자가 놓여 있어요. 여기까지만 보여주고 그림책을 잠시 덮은 다음, 아직 나오지 않은 자음을 하나 불러보세요.

"얘들아, 그렇다면 자음 ㅅ은 어떻게 표현되어 있을까?"

그러면 글자에 한창 관심을 보이고 여러 가지 동사를 알고 있는 만 5세 아이들이라면 "사다!", "사랑하다?", "속이다!" 등 떠오르는 단어들을 외칠 거예요. 작가는 과연 'ㅅ'을 어떻게 그려놓았을까요? 긴장된 마음으로 그림책을 펼치면, 어? 아무것도 없어요! 정말 아무 그림도 없이 하얀 여백뿐이에요. 그리고 그 옆에 적힌 단어는 '사라지다'예요. 사라졌기 때문에 아무것도 남지

않은 거라니, 정말 기발하지요?

아이들과 이렇게 수수께끼 놀이 하듯 그림책을 함께 읽으면 좀 시끌벅적하기는 하지만 신나게 한바탕 뛰어놀고 온 것 같은 기분이 들어요. 눈도 번쩍 뜨이고요. 생각 주머니를 부지런히 놀린 아이들 얼굴에는 생기가 가득하지요.

그런가 하면 그림책 이야기 가운데 반복되는 표현을 미리 알려준 뒤 그 부분은 아이들이 한목소리로 말하게 해서 선생님과 아이들이 이야기를 주고받는 식으로 그림책을 읽을 수도 있어요. 옛이야기 그림책에 그런 대목이 많지요. 『해와 달이 된 오누이』에서 "떡 하나 주면, 안 잡아먹지!" 같은 부분 말이에요. 꼭 미리 알려주지 않더라도 "얘들아, 이때 호랑이가 뭐라고 말했을까?"라고 물어보면 아이들은 척 하고 대답해요. 듣기만 할 때와 자기 목소리로 참여할 때는 그림책을 만나는 느낌이 다르답니다. 직접 소리 내어 이야기할 때 마음에 와 닿는 즐거움이 있어요. 이런 기회를 많이 주면 아이들도 그 즐거움을 자연스럽게 알게 되지요.

『왜요?』(베틀북)를 함께 읽어보면 단번에 알 수 있어요. 표지에서 '왜요?'라는 빨간 글자가 담긴 말풍선 아래 호기심 어린 얼굴로 서 있는 릴리는 아빠에게 끊임없이 "왜요?"라고 묻습니다. 『왜요?』를 읽어주다 보면 "얘들아, 릴리가 아빠한테 또 뭐라고 말했을까?"라고 묻기도 전에 아이들이 "왜요?" 하고 말하고 있을 거예요. 얼마나 즐거워하는지 한동안은 주변 어른들이 '왜요?' 후유증에 시달릴 수도 있답니다. 하지만 그만큼 아이들이 그림책과 즐겁게 만났다는 증거이니 그 정도는 너그럽게 받아주세요.

또 다른 그림책『화가 난 수박 씨앗』(한림출판사)에는 호호할머니가 심어놓은 까만 수박씨를 동물들이 파보고는 실망해서 도로 묻어버리는 장면이 반복적으로 나와요. 결국 화가 난 수박 씨앗이 "이래도 내가 시시해 보여?"라고 소리치지요. 앞부분과 뒷부분에 반복적으로 나오는 이야기들을 아이들에게 맡겨서 해보게 하면 신나게 소리치는 아이들을 마주할 수 있을 거예요.

옛이야기 그림책『단물 고개』(비룡소)도 읽다 보면 총각이 대답하는 말 "이예"가 여러 번 반복돼요. 글자 크기도 크게 강조되어 있어요. 이런 말대답을 구성지게 한 번 들려주고 아이들과 함께 읽으면 아이들이 그 순간 총각이 되어 이야기 세계에 자연스럽게 빠져듭니다.

또 아이들 몇 명만 앞으로 불러내서 그림책을 읽는 동안 동작을 표현해보게 하는 즉흥 동극도 해볼 수 있어요. 『해골이 딸꾹』(문학동네어린이)에는 해골이 딸꾹질하는 소리가 반복적으로 나오는데, 아이들이 딸꾹질 소리를 맡아 함께 읽으면 정말 재미있어요. 그냥 소리만 내지 말고 몸을 움직여 진짜 딸꾹질하는 것처럼 흉내 내면서 읽으면 더욱 신나지요.

함께 노래 부르며 그림책을 만날 수도 있어요. "하
나 하면 할머니가~"로 시작하는 〈잘잘잘 123〉 노래
아시지요? 이억배 선생님의 『잘잘잘 123』(사계절)은
아이들이 정말 좋아하고 재미있어 하는 그림책이에요. 그냥 읽어줄 수도 있
지만 리듬을 잘 살려 노래하며 보여주면 한참 동안 아이들은 노래를 흥얼거
리고, 그러면서 그림책의 그림들을 떠올려요. 어떤 순간에는 놀랍게도, 숫자
를 잘 헤아리지 못하던 아이들이 『잘잘잘 123』을 만나며 '일대일대응을 이
루어 숫자 세기'를 할 수 있게 되더라고요. 동요를 바탕으로 한 그림책으로는
『시리동동 거미동동』(창비), 『거미가 줄을 타고 올라갑니다』(시공주니어) 등
여러 가지가 있답니다.

아이들이 몸을 움직여서 함께 경험할 수 있는 그림책들도 있어요. 손가락
을 허공에 들어 함께 그림을 그려가며 읽을 수 있는 점자 그림책『점이 모여
모여』(창비), 제목 그대로 '손으로 몸으로' 움직여가며 읽을 수 있는『손으로
몸으로 ㄱㄴㄷ』(문학동네어린이), 몸짓을 따라 해볼 수 있는 옛이야기 그림책
『훨훨 간다』(국민서관) 등이 그렇답니다.

엄마들과 그림책 공부 모임을 갖는 동안 돌아가며 아이들에게 그림책 읽
어주는 시간을 마련한 적 있어요. 그때 엄마들이 그림책을 읽어주면서 가장
어려워하는 부분이 아이들과 '함께' 읽는 거라는 사실을 알게 됐지요. 아이들
에게 먼저 묻고 대답을 기다리지 못해 자꾸만 그림에 대해 설명하고 알려주
려고 하는 거예요. 하지만 지금까지 살펴보았듯 그림책 한 권을 읽는 과정 곳
곳에 아이들을 참여시켜 능동적으로 그림책과 만나게 하면 아이들 가슴에 새

겨지는 그림책의 흔적이 더욱 또렷해진답니다. 보고 듣기만 한 것이 아니라 함께 소리 내어 읽고 직접 느끼며 경험했으니까요.

가만히 궁리해보면, 어떤 그림책이든 아이들과 함께 읽을 방법을 찾을 수 있어요. 제목을 같이 읽는 것처럼 소소한 방법부터 이야기 주고받기, 그림책 주인공처럼 몸을 움직여 따라 해보기 등 그림책마다 함께할 수 있는 것들이 있게 마련이니까요. 이제까지 혼자 읽어주었다면 지금부터 아이들과 함께 읽어보세요. 그림책 읽어주기가 더 재미있어집니다.

"하기 싫으면 안 해도 괜찮아"
- 독후활동 이야기

아마 요즘은 독후활동을 하지 않는 기관이 거의 없을 거예요. 그런데 독후활동이 때로는 아이들에게 부담이 되거나 그림책을 즐겁게 만나는 데 걸림돌이 되기도 해요. 그래서 독후활동을 할 때는 아이들 모두 똑같은 방법으로 하기보다 저마다 다른 방법으로 할 수 있게 선택의 여지를 주는 것이 좋아요. 무엇보다 하고 싶을 때, 스스로 할 수 있게 기다려주고 자리를 만들어주는 것이 중요하지요.

금오유치원의 독후활동 묶음집 제목은 '그림책이랑 놀자'예요. 그림책과 놀이하듯 독후활동도 재미나게 하길 바라는 마음에서 붙인 제목이지요. 그런데 시작하기 전에 어떻게 할까 고민을 참 많이 했어요. 어떻게 하면 그림책 만나는 즐거움을 해치지 않으면서 스스로 만들어가는 그림책 일기장이 될 수 있을까, 거듭 생각했지요. 일단 시작하는 시기가 중요하겠더라고요. 그래서 만 3세는 독후활동을 아예 하지 않기로 하고, 만 4세도 2학기부터 하기로 했어요. 가장 많이 하는 독후활동이 그림책을 보고 듣고 그림 그리며 글자를 적는 것인데 만 3세에게는 쉽지 않은 일이잖아요.

만 4세 아이들 중에도 예전에 다른 기관에서 여러 번 독후활동에 시달린(!) 아이들은 흥미가 다소 떨어지는 모습을 볼 수 있었어요. 그런 아이들에게는 여러 번 얘기해줘요. 하기 싫으면 안 해도 된다고. 이 부분이 참 중요한 것 같아요. 이렇게 하면 오히려 자연스럽게 하고 싶어 하는 아이들도 생겨나거든요. 만 4~5세 아이들은 또래 작품을 감상하고 평가하면서, 처음에는 하기 싫어해도 친구가 신나게 해낸 결과(작품)를 보면 마음을 달리 먹기도 하더라고요. 어른들은 그저 조금 기다려주기만 하면 되지요. 양식도 한 가지를 정해주기보다 여러 가지를 한꺼번에 소개하고 스스로 하고 싶은 것을 고르게 해요. 정말 놀

색종이 접기, 상자 종이 재활용하기 등으로 완성한 독후활동

라운 사실은 해를 거듭하면서 아이들에게서 새로운 양식이나 신선한 방법 들이 나왔다는 거예요. 덕분에 〈그림책이랑 놀자〉도 풍부해지고 재미있어졌답니다. 다음은 우리 아이들에게 나눠 주는 여러 가지 독후활동 안내문이에요.

- **명장면 그리기** : 그림책을 읽고 가장 기억에 남는 장면이나 재미있는 장면을 그려봅니다.
- **주인공 소개하기** : 그림책에 나온 인물을 그리고 이름과 특징을 적어봅니다. 여럿을 비교해도 재미있어요.
- **책 내용 이해하기** : 주원문해(주인공이 누구인가요, 무엇을 원했나요, 어떤 문제가 생겼나요, 어떻게 해결했나요?)에 맞춰 책의 내용을 재구성해봅니다.
- **새로운 단어 만들기** : 이야기에서 찾은 단어로 새로운 단어를 만들어봅니다.
  (예 : 도마뱀＋꼬마＝도마)
- **이야기 새로 짓기** : 뒷이야기를 짓습니다. '만약에'라는 가정을 세워 이야기를 새로 꾸며보는 거예요.
- **책 표지 다시 그리기** : 책의 제목과 표지를 다시 꾸며봅니다.
- **같은 점, 다른 점 찾기** : 주인공을 비교해서 같은 점과 다른 점을 적어봅니다. 다른 그림책 주인공과 비교하거나 나와 비교해도 좋아요.
- **글자 놀이** : 그림책 제목의 첫 글자로 시작하는 낱말을 찾아보거나, 그림책에 나오는 낱말로 끝말잇기를 합니다.
- **편지 쓰기** : 주인공 또는 그림책 작가에게 편지를 씁니다.
- **그림책 퀴즈** : 그림책에 나오는 이야기로 퀴즈를 만들어봅니다.
- **단어 사전 만들기** : 잘 모르는 단어를 찾아 뜻을 적어봅니다.

만 4세는 명장면이나 주인공 따라 그리기를 즐겨 해요. 그러다 만 5세가 될 무렵이면 말놀이에 관심을 보여요. 그림책을 바탕으로 한 수수께끼를 내고 스스로 맞히는가 하면, 끝말잇기 같은 글자 놀이를 하기도 하지요. 모르는 단어를 사전에서 찾아 정리해 오기도 하고, 그림책에 등장하는 사물이나 인물의 같은 점과 다른 점 찾기를 하기도 해요. 그림을 그리더라도 만 4세 때와는 깊이가 달라지지요.

중요한 것은 독후활동을 친구들에게 소개하고 함께 감상하는 시간을 갖는 거예요. 그러면 아이들은 친구들의 작품을 통해 새로운 그림책에 흥미를 보이고 또 다른 느낌으로 그림책을 만나게 돼요. 친구가 그린 그림을 찾아보며 재미나게 그림책을 넘기지요. 마치 숨은그림찾기를 하듯 즐거워하면서요.

만 5세 반에서 있었던 일인데, 한 아이가 그림책 퀴즈를 처음으로 해 와서 다른 아이들에게 문제를 내고 답을 찾는 놀이를 했어요. 그리고 이것이 계기가 되어 다른 아이들도 그림책 퀴즈 놀이를 즐기게 되었지요. 다른 반에서는 끝말잇기나 북아트가 그런 효과를 냈어요. 한 아이가 자기만의 특별한 책을 만들어 오면, 그것이 다른 친구들에게 영감을 제공해서 꼬리에 꼬리를 물고 또 다른 책들이 탄생했답니다.

교실에서 아이들과 할 수 있는 특별한 독후활동으로는 이런 것도 있어요. 소쿠리로 자기가 좋아하는 그림책 주인공 얼굴을 탈처럼 만들어보기(이걸 쓰고

소쿠리로 그림책 주인공 탈 만들기

동네 한 바퀴 돌면 정말 재미있지요!), 종이가 아닌 광목천 위에 그림 그려 걸개그림 만들어보기, 그림책의 배경 지도 만들어보기, 커다란 병풍 그림책 만들기 등등. 그림책 각각의 특성만 잘 이해하면 다양한 독후활동을 할 수 있답니다.

개인 활동으로 여기기 쉬운 독후활동도 여럿이 감상하고 나누는 시간을 마련하면 함께 만들어가는 놀이마당이 돼요. 이렇게 그림책과 놀아본 아이들은 언제 어디서든 자유롭게 상상 극놀이를 펼칠 수 있지요. 무엇보다 억지로 하는 독후활동이 아닌 스스로 하고 싶어서 하는 책놀이면 좋겠어요. 독후활동으로 아이들이 그림책과 신나게, 제멋대로 놀아보는 시간을 가지면 좋겠습니다. 그럼에도 하기 싫어하는 아이들에게는 "하기 싫으면 안 해도 괜찮아", "그냥 읽기만 해도 돼" 하며 기다려주기! 잊지 마세요.

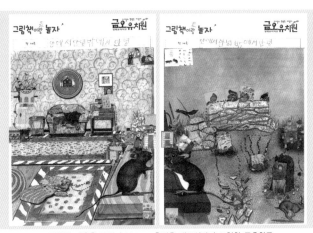

그림책의 내용을 돌이켜 보고 그 흔적을 재구성하여 표현한 독후활동

상상의 나래를 펼쳐라
- 극놀이로 만나는 그림책

　금오유치원은 해마다 동네잔치처럼 그림책과 다양한 방법으로 만나는 그림책 잔치 마당을 열고 있어요. 여러 가지 프로그램이 펼쳐지는데 아이 어른 할 것 없이 무척이나 즐거워하는 것이 바로 극놀이 공연이랍니다. 그림책을 바탕으로 한 손인형극, 그림자극, 몸을 움직이는 동극, 발도르프 인형극, 상황극 등 새로운 양식의 극놀이 공연을 감상하고 나면 아이들은 무척 흥미로운 이야기들을 쏟아내요. 특히 극놀이가 펼쳐진 순간은 잠깐이지만 공연을 본 아이들에게 그 시간은 살아 있는 순간이 됩니다. 언제라도 불러와 지금, 여기 펼쳐놓을 수 있는 신기한 순간이 되지요.

　그래서 매번 어떤 극놀이를 보여줄지 설레는 마음으로 공연을 준비하곤 했어요. 선생님들이 한 땀 한 땀 바느질해서 만든 인형으로 어머님들이 공연한 인형극 〈구름빵〉을 시작으로, 빛으로 아이들과 소통한 그림자극 〈입이 똥꼬에게〉, 〈누가 웃었니?〉, 원장 선생님의 1인 상상 극놀이 〈해와 달이 된 오누이〉, 엄마들의 열연이 돋보인 별난 극놀이 〈개구리네 한솥밥〉, 발도르프 인형을 만들고 섬세한 동작으로 표현한 인형극 〈할머니 집 가는 길〉, 유쾌한 상황극 〈도둑을 잡아라!〉, 〈아주아주 커다란 ○○○〉에 이르기까지 극놀이 공연은 매해 아이들의 마음을 사로잡은 그림책을 바탕으로 재미난 상상력을 보태 만들었어요.

〈구름빵〉
(인형극, 제1회 2008년)

〈입이 똥꼬에게〉
(그림자극, 제2회 2009년)

〈개구리네 한솥밥〉
(별난 극놀이, 제3회 2010년)

〈할머니 집 가는 길〉(발도르프 인형극, 제4회 2011년)

극놀이를 준비할 때마다 상상의 힘에 새삼 놀라게 돼요. 아무것도 없는 상태에서 시작했는데 그림책을 함께 읽고 이야기를 나눈 뒤 서로 상상한 것들을 꺼내 하나둘 만들다 보면 어느새 신나는 극놀이 한판이 탄생했거든요. 무엇보다 아이들이 며칠 동안 그 이야기를 하고 기억에 남는 장면을 중심으로 재미나게 놀이를 즐기는 모습을 보면서, 상상을 바탕으로 한 공연은 아이들을 또 다른 상상의 세계로 초대한다는 사실을 깨달을 수 있었어요.

극놀이 공연 이후 벌어진 몇 가지 후일담을 소개할게요. 그림자극 〈입이 똥꼬에게〉 공연 이후 아이들은 어디서든 '똥'이나 '똥꼬'라는 말이나 글을 마주하면 깔깔 웃음을 터뜨리기 일쑤였답니다. 그때까지 '똥꼬'라는 단어를 잘 몰랐던 아이들이 목욕할 때나 응가를 할 때 부모님에게 "똥꼬를 깨끗이 씻어야 해요"라는 말을 하기도 했고요. 더불어 '똥'에 대한 관심이 부쩍 높아져 책잔치 이후 『누가 내 머리에 똥 쌌어?』(사계절)로 프로젝트 활동을 진행하기도 했지요.

별난 극놀이 〈개구리네 한솥밥〉은 오누이가 집 안에 있는 여러 물건을 소품으로 이용해 그림책 이야기를 극놀이로 만들어가는 과정을 담은 내용인데, 이것이 무척이나 인상적이었는지 집에서 특정 장면을 떠올리며 그대로 따라서 놀이를 한다는 소식이 들려왔어요. 보자기를 둘러매고 날개라며 날아다닌다든지, 바닥에 보자기를 깔아놓고 물에 빠졌다고 허우적거린다든지 하면서 말이지요. 특히 공연에 여러 번 나온 개구리 노래 '뿌국 뿌구국 개구리 길을 떠난다. 쌀 한 말을 얻으러 길을 떠난다. / 산 넘고 물 건너, 길을 떠난다. 걷고 걷고 또 걸어, 길을 떠난다. / 우리 착한 개구리 길을 떠난다. / 뿌국 뿌구국 개구리, 길을 떠난다!'를 흥얼거리는 아이들이 많았다고 해요. 노래 부르며 했던 동작까지 흉내 내면서요.

그런가 하면 강당 밖에서 경찰차 사이렌이 울리고 진짜 경찰옷을 빌려 입은 선생님 둘이 강당 문을 쾅쾅 두드리며 시작된 〈도둑을 잡아라!〉는 책잔치에 중요한 그림책 보따리를 도둑맞았다는 이야기로 꾸민 유쾌한 상황극이었어요. 몇 가지 단서로 관객들 가운데 유력한 용의자를 찾아내 무대 위로 데려갔지요. 단서는 세 가지, '흰색 윗도리에 안경을 쓰고 청바지를 입은 사람'이었어요. 별난 단서가 아니라 용의자가 꽤 많았답니다. 이 공연 이후에는 누가 도둑이었는지, 경찰이 어떻게 도둑을 잡았는지, 재미난 이야깃거리가 가득 생겨났지요. 도둑 잡기 놀이가 번지기도 했고요.

유쾌한 상황극 〈도둑을 잡아라!〉 범인 찾는 장면

그림과 글을 통해 상상으로 마음속에 들여놓은 그림책의 세계가 눈앞에 펼쳐질 때 아이들은 저마다의 삶 속에 그것을 펼쳐보고 싶어 합니다. 자신이 주인공이 되어 극놀이를 펼쳐보는 거지요. 현실의 '나'가 아닌 다른 누군가가 되어 몸을 움직이고 말을 해보는 상상 놀이는 아이들에게 커다란 즐거움을 안겨준답니다. 상상의 세계에서는 뭐든지 가능하니까요. 몸을 움직여 무언가를 해보는 것은 경험을 내면화하는 좋은 방법이기도 하지요. 일상에서 극놀이가 소중한 까닭이 여기 있습니다.

물론 아이들도 그림책을 읽고 스스로 만들어 무대에 올리는 극 공연을 할 수 있어요. 아이들과 극놀이를 할 때는 그림책을 잘 골라야 해요. 이야기의 흐름이 단순하고 반복적인 것이 좋지요. 아이들이 자기 이야기인 것처럼 등장인물에 감정을 불어넣어 몸을 움직이며 말도 해야 하는데, 너무 복잡하거나 대사가 길면 아무래도 어려울 테니까요. 따로 외우지 않고도 손쉽게 이야기할 수 있으려면 리듬을 타면서도 반복되는 말이 나오는 것이 좋습니다. 『토끼의 의자』(북뱅크), 『친절한 친구들』(한림출판사), 『장갑』(한림출판사), 『커다란 순무』(시공주니어), 『개구리네 한솥밥』(길벗어린이), 『훨훨 간다』(국민서관), 『아기 돼지 삼 형제』(시공주니어), 『야, 우리 기차에서 내려!』(비룡소) 들이 그런 책이에요.

극놀이 〈커다란 순무〉

극놀이 〈장갑〉

극놀이 공연을 여러 차례 경험하게 되면 일상에서도 소소한 상상 극놀이를 즐길 수 있어요. 대단한 소품 없이 상상만으로 공간을 바꾸어내고 혼자서도 다양한 역할을 소화하면서 신나고 즐겁게 극놀이를 하는 거예요. 아이스

크림 막대나 빨대에 그림을 붙여 종이 인형 극을 하기도 하고, 종이를 오려 들고 꼬마전구로 불빛을 쏘며 그림자극 놀이를 하기도 하지요. 어른들은 미처 생각 못 하는 것들을 만들기도 하고요.

극놀이를 즐기며 그림책을 만나는 아이들이 어떻게 자라날지 궁금해지곤 합니다. 부디 다양한 극놀이로 만나는 그림책의 세계가 아이들의 삶과 만나 아름다운 시간으로 피어나길 바라봅니다.

추억이 방울방울
– 그림책으로 특별한 순간 만들기

날마다 그림책과 만나다 보면 삶과 어우러지는 그림책을 고르는 안목이 생기고, 그림책과 더불어 특별해지는 순간을 준비할 수 있는 지혜가 자랍니다. 그림책의 힘을 여실히 느끼게 되니까요. 여럿이 함께할 때 그림책이 가진 힘을 풀어놓으면 그 자리가 빛나는 경우가 많습니다. 좋은 그림책은 사람의 마음을 두드리기 때문이지요.

이런 까닭에 그림책 이야기를 할 때마다 『비움』을 보여드리고 마음을 담아 낭독하곤 했어요. 처음 만나는 분들의 마음 문을 조심스럽게 똑똑, 두드리는 심정으로요. 지금까지의 '나'를 조금 비우고 그림책 이야기들과 만나면서 '나'를 새롭게 채워보는 시간을 마주하면 좋겠다는 말을 전하면서요. 마무리할 때는 『문제가 생겼어요!』(논장)를 읽어드렸지요. 교사로서 아이들과 만나는 삶, 또는 부모로서 아이들과 마주하는 삶에는 언제나 '문제'가 도사리고 있으니까요. 새롭게 마음을 채운 뒤라도 우리는 다시 마주한 일상에서 우리의 마음을 흔들어놓는 사건, 사고와 맞닥뜨리게 되니까요.

문제를 마주한 순간 우리에게 필요한 건 '상상력'이나 '발상의 전환'이 아닐까 싶어요. 『문제가 생겼어요!』로 그런 이야기를 전할 수 있어 좋았어요. 때로는 서로 기운을 북돋고 잘해보자는 마음을 다지기 위해 『잘잘잘 123』(사계절)을 함께 보며 목소리를 가다듬어 큰 소리로 노래를 부르기도 했답니다. 웃음 섞인 목소리로 말이지요. 아직도 가슴속에는 "잘! 잘! 잘!"이라고 반복적으로 외치며 주고받은 눈빛들이 또렷하게 남아 있습니다. 이렇듯 그림책과 더불어 씨실과 날실처럼 엮이는 남다른 시간들을 가슴에 품게 되면서, 아이들이 그림책을 만나는 일 못지않게 어른들이 그림책을 만나는 일 역시 얼마나 중요한지 새삼 깨닫게 됩니다.

사실 어린이집이나 유치원의 한해살이를 곰곰이 들여다보면 어른과 함께하는 자리가 여러 번 있어요. 입학하기 전 만나는 신입생 예비소집일이라든가 오리엔테이션 같은 자리부터 다양한 부모교육 및 가족 참여 활동, 그리고 졸업식에 이르기까지 크고 작은 자리가 많지요. 이런 자리에서 적절한 그림책을 골라 낭독하는 시간을 가져보세요. 선생님이 낭독해도 좋고 부모님이 낭독해도 좋아요. 자리를 시작할 때도 좋고 마무리할 때도 좋답니다(자세한 이야기는 2부 '달마다 그림책' 2월 편에 나와요).

아이들과 한 해를 보낸 이야기들 가운데 의미 있는 것을 추려서 '실천사례

연구발표회'라는 이름으로 부모님들과 관심 있는 분들이 모여 나누는 자리를 가진 적이 있어요. 언젠가 발표 사이 쉬어가는 시간에 선생님 한 분이 『준치 가시』(창비)를 낭독했는데, 덕분에 아무 의미 없이 흘려보내기 쉬운 쉬는 시간이 특별한 여운을 남기는 순간이 되었지요. 또 숲과 함께한 시간들이 이야기의 중심이 된 해에는 발표회가 시작되기 전에 『숲의 길』(느림보)을 낭독했어요. "자동차는 갈 수 없지만 / 우리는 갈 수 있는 길"(앞면지)로 시작해 "우리는 갈 수 없는 길 / 자동차만 가는 길"(뒷면지)로 끝나는 이 그림책은 발표회의 이야기와 어우

러져 소중한 느낌표를 안겨주었지요. 발표회를 마치고 도서관에서 빌리거나 서점에서 구입해 『숲의 길』을 아이와 함께 다시 읽어보았다는 반가운 소식을 들을 수 있었답니다.

부모님들이 자연스럽게 그림책과 만날 수 있게 마음 쓰는 방법을 궁리하며, 이런저런 시간들을 엮었어요. 예를 들면 '행복을 전하는 엽서'를 만들어 나눠 드리면서 거기에 그림책의 일부분을 담거나 소개하기도 하고, 부모님이 아이에 대한 상담을 요청하거나 힘든 시간을 보낼 때 그림책을 읽어드린 뒤 이야기를 나누기도 했지요.

부모와 아이가 교실에서 하루 일과를 함께 경험하는 참여수업 마무리 자리에서는 『사랑해 사랑해 사랑해』(보물창고)를 낭독해 부모님이 아이의 머리부터 발끝까지 어루만지고 쓰다듬으며 사랑을 온몸으로 표현하는 시간을 마련했어요. 또 다른 해에는 『오늘의 숙제는』(문학동네어린이)을 마주하며 그 자리에서 바로 '숙제(안아주기)'하기를 권하기도 했지요. 짧은 시간이었지만 부

모님과 아이 모두 참 좋아했답니다.

한 해의 끄트머리에 가족이 모여 소중한 추억을 만드는 '가족의 밤' 자리에서 『너를 이만큼 사랑해』(예림당)를 낭독할 때는 감동과 침묵이 강당에 머물렀어요. 그림책을 함께 보고 듣는 동안, 배 속 아기였던 우리 아이가 언제 이렇게 훌쩍 자랐나 하는 생각이 들었던 까닭이지요. 그림책을 다 읽은 다음, 무대 위에 있는 아이들을 향해 "○○야, 사랑해!"라고 외쳐보라 안내했더니, 부모님들이 앞다투어 아이의 이름을 부르며 목청껏 사랑한다고 소리치더라고요. 어느 때보다 뜨겁게 박수를 보내면서 말이지요.
또 다른 해에는 엄마 한 분이 아이와 나란히 앞에 나와 『너는 기적이야』(책읽는곰)를 읽어주기도 했답니다. 그때도 특별한 여운이 함께했어요.

이제까지 마주한 그림책과의 남다른 순간들을 돌이켜 보며 앞으로 마주하게 될 시간들도 설레는 마음으로 고대해봅니다. 아직 만나지 못한 그림책들이 훨씬 많으니까요.

눈을 감고 가만히 상상해봐요. 아이들을 사랑하는 마음이 담긴 목소리가 그림책을 더듬고, 그 소리가 아이들 가슴을 적시는 모습을요. 다채로운 그림이 아이들의 맑고 투명한 눈에 비치고, 아이들 마음에 잔잔한 파동이 일어나는 아름다운 순간…… 바로 그 순간이 소중하고 특별한 순간이겠지요. 날마다 아주 잠깐이라도 그런 순간들이 우리 아이들의 가슴에 보물처럼 쌓이면 좋겠습니다. 그렇게 자란 아이들은 책의 맛을 제대로 알고 책의 넉넉한 품에서 마음을 키워갈 테니까요.

2부

달마다 그림책

유치원에서 보내는 생활은 달마다 어떤 흐름이 있어요. 봄, 여름, 가을, 겨울이 때가 되면 어김없이 찾아오듯 유치원에서도 달마다 맞이하는 일들이 있습니다. 그리고 그 속에서 아이들은 날마다 달마다 자라납니다. 그 흐름을 따라 리듬을 타며 몸과 마음이 자라나요. 언젠가부터 달마다 아이들에게 어떤 그림책을 읽어주면 좋을까 고민하게 되었어요. 달마다 아이들이 마주할 삶과 직접 관련되는 그림책, 혹은 그 삶의 경험을 새롭게 하거나 더욱 풍부하게 해줄 그림책들을 찾기 시작한 거지요. 그렇게 달마다 모아놓은 그림책 보따리, 풀어볼까 합니다.

1월 소복소복
'눈'을 만나는 그림책

1월은 새로운 해를 여는 첫 달이에요. 겨울방학이 있는 달이기도 하고요. 날씨는 쌀쌀해지고 바람은 차가워 바깥에서 놀기가 쉽지 않은 겨울, 아이들로선 매일 눈이 내려 눈사람도 만들고 눈싸움도 하기를 바랄지 몰라요. 그러나 현실은 그렇지 않지요. 뭔가 재미난 일이 없을까, 기대하며 하루하루를 보낼 우리 아이들에게 '눈'을 만나는 그림책은 어떨까요?

"애야, 고민이 있을 때는 눈덩이를 굴려 보렴."

반갑고 부드러운 목소리의 이 말은 그림책『두더지의 고민』에 나오는 첫 문장이에요. 『두더지의 고민』은 눈발 흩날리는 표지부터 마음을 끌어당기는 데, 제목 글자에 재미나게 쌓인 눈이며 두더지 머리에 작은 언덕처럼 쌓인 눈, 약간 발그스름해진 코와 빨간 장갑 위로 소복소복 쌓인 눈, 무엇보다 두더지를 둘러싼 크고 작은 눈송이들이 움직이는 듯 생생해요. 덕분에 표지 잡은 손끝에 겨울의 한순간이 번져오지요.

두더지의 고민은 "난 왜 친구가 없을까?"였어요. 눈밭에 들어설 때부터 머릿속에서 고민이 떠나지 않았던 두더지는 눈덩이를 굴리기 시작합니다. 고민에 너무 빠진 나머지 눈덩이에 동물 친구들이 푹푹 빠지는 줄도 모르고 한참을 굴리지요. 눈덩이는 어마어마하게 커지고, 그 속에서 "살려 주세요!" 소리가 들려와요. 그러자 두더지가 눈덩이 속으로 들어가 길을 내며 친구들을 구해내지요. 시간이 흐를수록 달라지는 눈덩이 속 길 모양이 구불구불 흥미롭게 펼쳐져 있어요. 새로운 동물들을 마주할 때마다 눈덩이 속 길은 다양한 모습으로 바뀌고 동물들의 표정과 몸짓도 다채롭게 이어집니다. 청개구리, 토끼, 마지막으로 곰까지 모두 만난 동물 친구들은 "눈덩이 밖으로 모두 쑤욱!" 빠져나와 "저 너머에서 쑤욱!" 솟아나는 아침 해와 마주해요. 이제 두더지는 더 이상 혼자가 아니지요. "우리 이제 뭐 하고 놀까?"라는 행복한 고민에 빠진 두더지와 친구들은 망설임 없이 다시 눈덩이를 굴리기 시작하고, 그림책은 아주아주 커다란 눈 두더지를 만들어낸 동물 친구들의 모습을 보여주며 끝납니다.

눈덩이는 『눈 행성』에도 나와요. 이번에는 눈 치우기 싫어하는 어른들 때문에 만들어진 눈덩이지요. 눈덩이가 얼마나 커졌는지 '눈 행성'이라 불리게 되었다는데 눈 행성을 둘러싼 어른들의 모습이 우습기 짝이 없습니다. 왜 눈 행성이 생겨났는지, 어쩌면 좋을지 제대로 살펴볼 생각은 않고 우왕좌왕, 말도 안 되는 이야기를 지어내며 무서워 도망가기까지 하니까요. 그러나 아이들은 놀이터로 모여들어 속삭속삭…… 귓속말을 전하더니, 발 빠르게 움직여요. 놀랍고 대단한 생각을 행동으로 보여주지요. 모두모두 힘을 합쳐 만든 굵은 막대를 지렛대 삼아 눈 행성에 갖다 댄 거예요. 더 놀라운 건 그다음!

"하나, 둘, 셋, 영차!" 아이들은 "한목소리로 숫자를 센 다음 지렛대 끝에서 폴짝 뛰어"올라요! "아이들이 한꺼번에 지렛대 위로 쿵 내려앉은 순간, 눈 행성은 퉁 튀어 올라 하늘로 날아"가버리지요. 작가는 눈 행성이 우주로 날아가 부딪치고 부서지고 또 부서지고 말았다면서 능청스럽게 지금도 어디선가 부서지고 있을지 모른다고 이야기해요. 독특한 상상으로 밀고 나간 이야기도 그렇지만 표현하기 어려울 것 같은 장면들도 거침없이 그려낸 그림 덕분에 유쾌하지요. 무엇보다 아이들의 지혜와 힘을 보여주어, 아이들 마음에 즐겁고 신나는 기운을 불어넣어요.

어린이의 지혜와 용기를 만날 수 있는 그림책이 또 있어요. 『폭설』은 제목 그대로 엄청난 눈이 내린 어느 마을의 이야기인데, 미국 뉴잉글랜드에 살았던 작가가 실제로 어린 시절에 겪은 일이라고 해요. 눈이 온다는 기쁨도 잠시, 너무 많은 눈이 내린 까닭에 "눈이 영원히 그치지 않을지도 모른다는 생각이 문득 들었"다는 주인공. 『폭설』은 그림글자로 표현된 요일을 기준으로 하루하루 고립되어가는 과정을 실감나게 보여줍니다. 음식이 점차 떨어지고 가족들의 걱정은 깊어져요. 마침내 주인공은 자신이 해결사가 되기로 결심해요. 그 일을 해낼 사람은 자기밖에 없다고 생각한 거예요. 눈이 가득 쌓인 길을 무사히 건너가려면 작고 가벼운 몸이어야 하니까요.

주인공은 테니스 채로 장비를 만들고 쪽지에 필요한 물품들을 적은 다음, 썰매를 챙겨 떠납니다. 가족에게 필요한 물품뿐 아니라 도움이 필요한 이웃의 물품까지 적어서요. 무사히 가게에 도착한 주인공. 하지만 실어 날라야 하는 물건들이 적지 않아요. 게다가 등 뒤로 해가 저물기 시작하지요. 주인공은 있는 힘을 다해 달려요. 집집마다 부탁받은 물건들을 나눠 주고, 이웃들의 미소와 격려에 큰 힘을 얻으면서 집으로 돌아와요. 어둑해진 밤, 지친 주인공을 가족들이 따스하게 맞아준답니다. 『폭설』은 그림책을 덮고도 특별한 기운이 손끝에 남아요. 어렵고 힘든 위기의 순간에 작고 어린 주인공이 용기를 내서 지혜롭게, 마침내 중요한 일을 해냈다는 사실 때문이겠지요?

첫눈 오는 날이라면 『첫눈』 그림책을 보여주세요. 첫눈을 기다리는 날들에 미리 만나봐도 좋고요. 하얀 털모자에 빨간 목도리를 한 채 눈밭에 선 아이의 모습을 마주하며 자기가 눈을 밟고 있는 듯 설레고 신비로운 마음이 될 거예요. 에즈라 잭 키츠의 그림책 『눈 오는 날』도 빼놓을 수 없지요. 눈 오는 날의 설렘과 즐거움이 고스란히 담겨 있으니까요. 어린 피터가 눈 쌓인 언덕에 누워 팔다리를 흔들며 눈 놀이(일명 천사 놀이) 하는 장면을 본 아이들이 눈밭에서 그대로 따라 할지 몰라요. 눈덩이 하나를 주머니에 넣어 집으로 돌아온 피터의 얼굴이 아직도 생생하게 떠오릅니다. 정성껏 만든 인형 그림책 『눈사람』(파랑새)과 따스하고 정겨운 그림으로 마주하는 『눈사람』(키즈엠)도 같이 만나보세요. 눈사람을 만들어놓고 쉽게 잠들지 못하는 아이의 마음이 보는 이의 마음까지 따스하게 만든답니다.

『겨울 할머니』에는 '눈이 주는 즐거움'이 가득합니다. 어린 시절 들었던 독일 요정 이야기의 주인공인 홀레 아주머니에 대한 기억에서 영감을 받은 글작가가 간결한 문장으로 우리에게 속 깊은 겨울 이야기를 들려줍니다. '둥글고 힘찬 선의 판화' 그림은 자연의 수수께끼를 신비롭게 보여줍니다. 겨울을 또 다른 느낌으로 만나볼 수 있는 그림책이라 참 좋습니다.

참, 눈 오는 날에는 발자국도 더욱 또렷하고 신기하게 보이지요? 『야, 발자국이다』, 『발자국을 따라가 볼까요?』 같은 그림책들을 펼치면 여러 가지 발자국을 마주하며 어떤 발자국일지 짐작해보고 서로 이야기 나누는, 또 다른 즐거움을 누릴 수 있어요.

그림책으로 '눈'을 만나고 마음으로 실컷 눈밭 밟으며 새로운 기운 가득 들이면 힘차게 새해를 맞이할 수 있지 않을까요?

두더지의 고민
김상근 글·그림 | 사계절

눈 행성
김고은 글·그림 | 책읽는곰

폭설
존 로코 글·그림 | 다림

첫눈
박보미 글·그림 | 한솔수북

눈 오는 날
에즈라 잭 키츠 글·그림 |
비룡소

눈사람
송창일 글 |
이승은·허헌선 인형 | 파랑새

눈사람
송창일 글 | 배현주 그림 |
키즈엠

겨울 할머니
필리스 루트 글 |
베스 크롬스 그림 | 느림보

야, 발자국이다
도토리 글 | 문병두 그림 |
보리

발자국을 따라가 볼까요?
제르다 뮐러 글·그림 |
파랑새

2월 첫날과 끝날 만나는 그림책

1월에서 2월 지나는 사이, 우리나라의 큰 명절 중 하나인 설을 마주하게 됩니다. 먼 옛날부터 우리 조상들은 묵은해가 끝나고 새해가 시작될 때, 지난해를 돌아보고 새로운 해를 내다보는 마음으로 특별한 잔치를 벌였어요. 유치원이나 어린이집에서도 설날을 맞아 아이들과 함께 잔치를 벌이면 어떨까요? 곱게 한복을 차려입은 아이들이 선생님들에게 세배를 하고, 선생님들은 덕담을 건네는 거예요. 점심으로는 맛있는 떡국을 먹으며 한 살 더 먹고요. 오후엔 모두 모여 신나는 윷놀이 한판 벌이는 거지요. 아, 복주머니를 만들어 새해 소망 쪽지를 넣을 수도 있겠네요. 연날리기도 해보고요.

이럴 때 설날의 옛 풍경이 고스란히 담긴 그림책, 『연이네 설맞이』를 아이들과 만나보면 좋을 거예요. 다듬이 소리로 시작하는 연이네 설맞이 이야기를 따라가다 보면 설날 며칠 전부터 우리 조상들이 어떻게 설날을 준비했는지, 섣달그믐은 어찌 보냈는지, 마침내 설날을 어떻게 맞이했는지 자연스럽게 알 수 있거든요. 귀여운 연이의 이야기를 다 듣고 나면 아이들도 저마다 설날 이야기를 하고 싶어 입이 근질거릴지 몰라요.

한복을 입기 전이나 입고 난 후에는 『설빔』을 보여줘도 좋겠네요. 요즘 아이들이 입는 한복은 대개 입고 벗기 편하게 만든 생활한복이라 『설빔』에 나오는 내용과 딱 들어맞지는 않지만 책 속 그림을 보며 제대로 갖춰 입은 우리 옷이 얼마나 아름다운지 느낄 수 있지요. 『설빔』을 다 읽고서 한복 옷매무새를 가다듬으며 세배하는 법을 배워도 좋지요. "새해 복 많이 받으세요!"라고 인사하는 법도 알려주고요.

설날에 즐길 수 있는 우리 놀이에 대해 이야기 나눌 때는 『사시사철 우리 놀이 우리 문화』를 찾아보세요. 설날뿐 아니라 사시사철 우리 문화와 관련된 놀이가 다 소개돼 있거든요. 그 가운데 첫 번째가 설날의 윷놀이랍니다. 『구

그림 제공 한솔수북(『사시사철 우리 놀이 우리 문화』)

름빵』(한솔수북)으로 유명한 백희나 작가가 만든 닥종이 인형 그림책으로, 한 눈에 어떤 놀이들이 있는지 살펴보기에 좋아요. 눈에 잘 띄는 곳에 둬서 아이들 스스로 찾아보게 해도 좋을 거예요.

이렇게 아이들과 설날을 지내고 나면 맞이하게 되는 큰 행사가 있지요. 바로 수료식과 졸업식! 한 해 동안 부쩍 자라 형님 반이 되는 아이들은 수료식을 하며 그동안 지낸 시간들을 매듭짓고, 곧 초등학교에 입학하는 만 5세 반 아이들은 졸업식을 하며 정든 친구들과 선생님, 유치원이나 어린이집과 작별을 합니다. 1월 1일 설날은 새롭게 시작하는 첫날이지만 졸업하는 아이들에게 졸업식 날은 원에서 보내는 마지막 날이 되는 셈이지요.

저마다 마침표를 찍고 초등학교 생활을 시작할 아이들에게 마지막 날에는 어떤 이야기를 들려주면 좋을까요? 언제 어디서든 건강하게 잘 지내기를 바라는 마음, 가슴속에 품은 꿈을 소중하게 간직하며 자라나기를 바라는 마음, 마지막이기에 간절해지는 그 마음을 어떻게 전하면 좋을까요?

문득 그림책 세 권이 떠오릅니다. 『아이야, 네가 자라면』, 『이만큼 컸어요!』, 『중요한 사실』.

『아이야, 네가 자라면』은 들춰 보는 재미가 있는 그림책이에요. 우리가 마주하는 온갖 생명과 사물이, 보이는 것이 전부가 아니라는 진실을 알려주지요. 모두 아주 멋진 무언가로 피어날 씨앗을 품고 있다는 사실을 깨닫게 하면서 "그러면 네 안에는?"이라고 마지막에 묻습니다. 달리는 말이 가슴에 그려진 남자아이 그림을 오른쪽으로 들추면 거기 대답이 있어요. "네 안에선 꿈이 자라지. 끝없이 펼쳐질 커다란 꿈이……"라는 멋진 대답이. 선생님이 아이들

한 명 한 명 눈을 맞추며 이 그림책을 읽어준다면, 아이들에게 선생님 마음이 가 닿지 않을까요?

아름다운 그림이 돋보이는 『이만큼 컸어요!』는 계절의 변화와 더불어 하루가 다르게 자라나는 강아지와 병아리, 아이의 모습을 느낄 수 있어요. 아이는 엄마에게 자신도 자라느냐고 재차 묻지요. 자기만 자라지 않은 것 같다고요. 그런 아이가 마지막에 작아진 옷을 입고 신이 나서 한 바퀴 돌며 외칩니다. "나도 이만큼 컸어요!" 언젠가 12월에 아이들과 부모님들이 함께한 자리에서 이 그림책을 읽은 적이 있어요. 그때 마지막 장면에서 부모님들은 '정말 많이 컸구나!' 하는 얼굴로 아이를 바라보았어요. 아이들은 '이만큼 컸어요!' 하는 책 속 주인공처럼 벌떡 일어나 팔을 위로 쭉 뻗었고요. 그 순간 행복한 여운이 함께했답니다.

『중요한 사실』은 그림책이 꼭 선물 상자 같아요. 다홍빛 리본으로 묶여 매듭지어진 앞뒤 표지 그림 때문이지요. 포장된 상자를 풀듯 표지를 열면 리듬감 있는 글이 사물마다 가진 특성을 알려주면서 아주 중요한 사실을 말해줍니다.

"너는 바로 너라는 거야. 예전에 너는 아기였고, 무럭무럭 자라서 지금은 어린이고, 앞으로 더 자라서 어른이 된다는 건 틀림없어. 하지만 너에 관한 중요한 사실은 너는 바로 너라는 거야."

마지막 장에는 자기 얼굴을 들여다볼 수 있는 거울이 붙어 있어요. 새삼 내가 누구인지 마주할 수 있게요.

졸업식 날, 졸업 가운을 입은 아이들이 입장해 자리를 정돈하는 사이, 빛 그림책을 띄우고(상황의 여의치 않다면 편지처럼 글만 읽어도 좋아요) 마음을 담아 찬찬히 읽어나가면 뜻밖에 선물 같은 시간이 될지 몰라요. 그림책에 간절한 마음이 실리면 종종 마법 같은 일들이 일어나거든요. 대추 한 알의 이야기가 마치 아이들의 성장 이야기로 다가오는 아름다운 시 그림책『대추 한 알』도 덧붙이고 싶습니다.

참, 졸업 선물로 그림책을 건네도 좋지요. 여덟 살이 되어 학교에 가는 아이들에게 학교생활에 대해 자세하게 일러줄『나도 이제 학교 가요』, 제목 그대로 우리 주변의 여러 가치를 헤아려보는『아름다운 가치 사전』, 사전 찾아보는 재미를 알려줄『나의 첫 국어사전』을 추천합니다.

어떤 때는 이달에 정월 대보름이 있기도 하지요? 그때는 아이들과 부럼 까먹고 더위 팔면서『내 더위 사려!』(책읽는곰),『누렁이의 정월 대보름』(비룡소),『와, 대보름이다!』(미세기), 또 소원종이를 꽂은 달집을 태우고 소원을 빌면서『달집 태우기』(현북스)와 같은 정월 대보름 그림책들을 만나봐도 좋겠어요. 제목에 찍힌 느낌표처럼 목소리에 한껏 신나는 마음을 실어서 말이지요. 머지않아 봄날이 다가올 테니까요.

연이네 설맞이
우지영 글 | 윤정주 그림 |
책읽는곰

설빔
배현주 글·그림 | 사계절

사시사철 우리 놀이 우리 문화
이선영 글 | 백희나 닥종이 인형 |
최지경 그림 | 한솔수북

아이야, 네가 자라면
더가 번하드 글·그림 |
여우고개

이만큼 컸어요!
루스 크라우스 글 |
헬렌 옥슨버리 그림 |
웅진주니어

중요한 사실
마거릿 와이즈 브라운 글 |
최재은 그림 | 보림

대추 한 알
장석주 글 | 유리 그림 |
이야기꽃

나도 이제 학교 가요
박정선 글 | 선현경 그림 |
시공주니어

아름다운 가치 사전
채인선 글 | 김은정 그림 |
한울림어린이

나의 첫 국어사전
채인선 글 | 초록아이

3월 새 학기,
마음을 열어주는 그림책

드디어 새 학기가 시작되었네요! 새로운 선생님과 새로운 친구들, 새로운 공간에서 시작하는 낯선 시간들……. 금세 적응하는 아이들도 있지만 그렇지 않은 아이들도 있지요. 특히 이제껏 엄마와 지내다 처음으로 떨어진 아이들은 아침마다 울음을 터뜨리기도 해요. 잘 놀다가 갑자기 눈물을 뚝뚝 흘리며 엄마 보고 싶다고 울기도 하고요. 울지는 않는데 자꾸만 엉뚱한 짓(?)을 하면서 산만하게 돌아다니는 아이가 있는가 하면 친구들을 힘들게 하는 아이도 있다고요? 맞아요, 3월이 시작되면 선생님들은 이 아이들을 보듬어 안느라 몸과 마음이 분주해지지요.

그래서 3월이면 선생님들이 찾는 그림책들이 있어요. 책꽂이에서 뽑혀 각

반을 부지런히 돌아다니는 그림책들요. 아이 마음이 고스란히 담긴 『유치원 가기 싫어!』와 엄마와 아이 속마음이 잘 드러난 『유치원에 처음 가는 날』, 『모모가 처음 유치원에 간 날』 등이 그 주인공이에요.

『유치원 가기 싫어!』에는 슈퍼 토끼 시몽이 나와요. 시몽은 꼭 우리 아이들을 닮았지요. 유치원 간다는 말에 "싫어, 안 가!"를 반복합니다. 새로운 환경에 적응해야 하는 부담감과 두려움으로 걱정하는 아이의 마음이, 단순하지만 표정이 살아 있는 시몽의 모습에 잘 담겨 있어요. 그런데 그렇게 가기 싫다던 유치원에 간 첫날, 일을 마친 엄마가 데리러 와서 집에 가자고 하자 시몽은 이렇게 말해요. "싫어, 안 가!" 같은 대답이 순식간에 의미가 정반대로 변해버립니다. 우리 아이들 마음도 그렇지요. 시몽처럼 단 하루 만에 집에 가기 싫다고 하지는 않더라도 매일 조금씩 낯선 환경에 적응하며 새로운 관계를 맺어갑니다. 그리고 익숙해지기 시작하면 기관에서 보내는 시간을 즐길 줄 알게 됩니다. 그 과정이 간결하게 담겨 있지요. 이 이야기의 바탕에는 따스한

믿음이 깔려 있어요. 아이를 믿는 마음이 넓게 펼쳐져 있는 것이지요. 그래서 마지막 시몽의 말 "싫어, 안 가!"에 아이들 표정도 달라져요. 읽어주는 선생님의 목소리에도 힘이 들어가고요. 아이들이 그렇게 말할 날을 고대하고 있으니까요.

그림 제공 한울림어린이(『유치원 가기 싫어!』)

『유치원에 처음 가는 날』에는 제목처럼 유치원에 처음 가는 날 엄마와 아이의 깊은 속마음이 잘 나타나 있어요. 그림책을 읽은 다음 엄마의 마음과 아

이 자신의 마음에 대해 이야기를 나눠보면 좋아요. 『모모가 처음 유치원에 간 날』에도 유치원에 처음 가는 아이들을 대하는 부모님의 마음이 잘 드러나 있지요. 입학 첫날, 모모의 엄마는 잠시 둘러봐도 괜찮다는 선생님의 말에 교실에 머물렀다가 떠날 줄 모릅니다. 선생님이 이제 부모님들은 돌아갈 시간이라고 말해도 아무도 움직이지 않지요. 하지만 모모를 비롯한 아이들이 활짝 웃는 순간은 부모님들이 모두 돌아간 후였어요. 엄마, 아빠가 곁에 있을 때 "아이들은 아무것도 할 수가 없었"거든요. 의미심장한 대목이지요? 이제까지 집에서 엄마, 아빠와 함께 지내온 시간들과 달리, 선생님과 친구들과 어울려 지내며 새로운 즐거움을 만나리라는 기대를 불어넣을 수 있는 그림책, 『모모가 처음 유치원에 간 날』. 이 책은 아이를 유치원에 처음 보내는 부모가 가져야 할 마음가짐에 대해서도 일러줍니다. 아이의 독립을 응원하려면 한발 물러서서 지켜봐주고 기다려주기, 정말 중요한 일이지요.

혹 늦게까지 남아 엄마 보고 싶다고 울먹이는 아이가 있다면 『엄마가 오는 길』을 다정한 목소리로 읽어주세요. 모든 게 낯선 새 학기에는 유난히 엄마를 기다리는 시간이 길게 느껴지지요. 게다가 곁에 있던 아이들마저 하나둘 엄마, 아빠를 만나러 떠나버리면 불안한 마음은 점점 커집니다. 어두워지는 창밖 풍경처럼 마음에 어둑하게 드리워지기 쉬운 두려움과 불안의 마음을 토닥토닥 다독이며 부드럽고 다정하게 감싸 안는 그림책 『엄마가 오는 길』을 천천히 읽어주며 불안으로 어두워지려는 마음을 밝혀주면, 엄마를 기다리는 시간이 그리 힘들지 않을 거예요.

새 학기에는 아무래도 마음을 열어주는 그림책을 찾게 됩니다. 아직은 선생님도 아이들도 서로에 대해 잘 알지 못하니까요. 마음의 문을 두드리고 마음을 움직일 수 있는 그림책이 어디 없을까, 자꾸만 책꽂이를 기웃거리게 되지요. 그럴 때 『눈물바다』나 『아기 구름 울보』, 『내 마음을 보여 줄까?』(웅진주니어), 『찰칵! 마음이 보여요』, 『마음이 쑥쑥』(맑은가람)을 책꽂이에서 뽑아내요. 아이들 마음이 쑥쑥 자라나기를 바라면서요.

친구들에게 화내거나 소리 지르는 아이가 있어 갈등이 생겼다면 『소피가 화나면, 정말 정말 화나면』을 만나게 해주세요. 그런 순간의 아이 마음을 잘 표현한 글과 그림에 선생님의 따스한 목소리가 포개지면 아이의 표정이 달라질지 몰라요. 빨간 고릴라의 콧구멍에서 콧김이 뿜어 나오는 표지가 인상적인 『화가 둥! 둥! 둥!』도 좋아요. 한 번으로는 부족하지만요. 이럴 땐 그림책을 읽어주는 선생님의 표정이나 목소리가 정말 중요하답니다. 그 순간의 마음이 그림책을 통해 고스란히 전해지거든요.

마지막으로, 3월 마지막 주 토요일은 푸른 지구를 위해 '지구촌 불 끄기 운동(Earth Hour)'이 벌어지는 날이에요. 『지구를 위한 한 시간』을 함께 읽고 교실 안에서 조금씩 실천하며 가정에도 안내해보세요. 지구 살리기 환경 캠페인의 작은 시작이 된답니다. 『고사리손 환경책』(웅진주니어), 『내 친구 지구를 지켜 줘!』도 손쉽게 실천할 수 있는 생활 습관들이 나와 있어 좋아요. 지구 살리기 운동 함께할 수 있게 도와주거든요. 지구 환경을 깊이 생각하는 환경운동가이자 작가인 한성민의 그림책 『빨간지구만들기 초록지구만들기』, 『행복한 초록섬』, 『안녕! 만나서 반가워』도 함께 만나보세요!

유치원 가기 싫어!
스테파니 블레이크 글·그림 |
한울림어린이

유치원에 처음 가는 날
코린 드레퓌스 글 |
나탈리 슈 그림 | 키다리

모모가 처음 유치원에 간 날
르네 구이슈 글 |
악셀 판호프 그림 |
아름다운사람들

엄마가 오는 길
모토시타 이즈미 글 |
오카다 치아키 그림 |
천개의바람

눈물바다
서현 글·그림 | 사계절

아기 구름 울보
김세실 글 | 노석미 그림 |
사계절

찰칵! 마음이 보여요
세실 가브리엘 글·그림 |
고래뱃속

**소피가 화나면,
정말 정말 화나면**
몰리 뱅 글·그림 | 책읽는곰

화가 둥! 둥! 둥!
김세실 글 | 이민혜 그림 |
시공주니어

지구를 위한 한 시간
박주연 글 | 조미자 그림 |
한솔수북

내 친구 지구를 지켜 줘!
토드 파 글·그림 |
고래이야기

**빨간지구만들기
초록지구만들기**
한성민 글·그림 | 파란자전거

행복한 초록섬
한성민 글·그림 |
파란자전거

안녕! 만나서 반가워
한성민 글·그림 |
파란자전거

4월 봄, 봄, 봄!
자연과 만나는 그림책

　연둣빛 새잎이 하루가 다르게 자라나고, 꽃봉오리가 터지며 향긋한 꽃향기가 코끝을 스치는 봄! 이맘때는 자꾸만 창밖을 쳐다보는 아이들이 생겨나지요. 바깥으로 나가서 놀고 싶어서요. 따사로운 봄볕 아래 친구들과 뛰어노는 것처럼 아이들에게 신나는 일도 없을 거예요. 아, 신나는 일이 또 있어요. 봄을 맞아 깨어난 자연과 만나는 산책, 혹은 나들이요! 봄 소풍을 떠나는 때도 이달이지요? 식목일, 청명, 한식, 삼짇날도 있고요.

　식목일 앞뒤로 아이들과 함께 읽으면 좋은 그림책 이야기부터 해볼까요? 『나무는 좋다』라는 그림책인데, 제목 그대로 나무가 좋은 이유가 한 편의 서정시처럼 펼쳐진답니다. 흑백의 교차편집이 인상적인 『나무는 좋다』는 판형도 다른 그림책과는 좀 달라요. 폭이 좁고 길쭉한 모양이 꼭 나무 기둥처럼 생겼거든요. 단순한 듯 보이지만 소중한 이야기를 품은 그림과 군더더기 없는 글이 잘 어우러져 아이들의 마음을 사로잡지요. 이 그림책과 만나고 나면 '나무'를 바라보는 아이들 마음이 달라질 거예요. 나무가 좋은 이유에 대해 이야기 나누기를 할 때도 많은 생각거리를 던져주는 그림책이에요.

세밀화로 그린 나무를 보여줄 수도 있어요. 『겨울눈아 봄꽃들아』를 펼치면 긴 겨울 동안 따뜻한 봄날을 꿈꾸며 잠들어 있었던 '겨울눈'이 봄을 만나 어떤 꽃으로 피어나는지 알 수 있답니다. 꽃이 먼저 피는지 잎이 먼저 피는지, 아니면 꽃과 잎이 같이 피는지도 잘 나와 있어요. 글도 재미있고요. 벚나무 이야기 좀 들어볼까요?

"비늘로 엮은 단단한 갑옷을 입고 동장군과 싸웠어. 추위와 싸우느라 코끝이 빨개지긴 했어도, 꿀벌과 네발나비는 내 빨간 코끝을 보며 기뻐할 거야. 달콤한 꿀 향기가 솔솔 퍼져 나오거든."

아이들이 마주하는 봄꽃들이 하루아침에 어디서 짜잔— 하고 나타난 게 아니라 겨울눈 속에서 내내 봄을 기다리다가 피어났다는 사실을 깨닫게 하지요. 나무들 각각의 특색을 알려주기도 하고요.

이 밖에도 앞표지 그림이 숲에서 나무를 껴안고 속삭이는 아이들을 떠올리게 하는 『나무하고 친구하기』(비룡소), 글은 없지만 간결한 그림만으로도 나무의 사계를 멋지게 보여주는 『나무』(시공주니어), 다양한 나무 씨앗들을 생명력 넘치는 아기로 그려 넣은 『나무의 아기들』(천개의바람), 나무의 목소리로 나무의 세상살이를 들을 수 있는 『나무는 알고 있지』(보림), 온갖 생명을 품어 안고 기르는 자연의 넉넉한 품을 노래한 『나무 하나에』(사계절), 올리브 나무 한 그루로 생명의 아름다움을 표현한 『아름다운 나무』(초방책방) 등 다양한 나무 그림책도 내주고 함께 만나보세요. 봄, 여름, 가을, 겨울, 두고두고 펼쳐보면 좋겠지요.

그런가 하면 『꽃이 핀다』는 자연에서 찾은 고운 색을 만나게 해요. 옛 그림의 전통적인 기법으로 그린 색깔 그림책이라 색감이 부드럽고 참 곱지요. 한 장 한 장 넘겨가며 우리 색의 은은한 아름다움을 느낄 수 있답니다. 무엇보다 바깥에서 만나는 꽃, 나무, 열매 들의 색을 눈여겨볼 수 있게 해서 좋아요.

삼짇날에는 화전을 만들어 먹지요. 한번은 삼짇날을 맞아 아이들과 함께 쑥을 캐다가 화전을 부칠 때 쑥전도 부쳐 먹었어요. 찹쌀가루로 만든 동글납작한 반죽 위에 진달래꽃을 얹으면 화전이요, 쑥을 얹어 지지면 쑥전이 되지요. 아이들이 직접 쑥을 캐면 밥상에 올라온 쑥국도 반갑게 먹는답니다. 쑥 캐러 가기 전에 『할머니, 어디 가요? 쑥 뜯으러 간다!』를 보여줘도 좋아요. 옥이와 옥이 할머니가 주고받는 이야기가 리듬감 있어 정말 재미있거든요. 특히 쑥을 뜯는 장면이 일품이지요.

그림 제공 보리(『할머니, 어디 가요? 쑥 뜯으러 간다!』)

"쑥아, 쑥아, 어디 있냐? 쑥쑥 나오너라. (······) 여기도 쑥, 저기도 쑥, 온통 쑥 천지네그려. 길가에는 키 작은 쑥, 풀숲에는 키 큰 쑥, 어디서나 쑥쑥 잘 자라서 쑥."

물론 이때는 말 재미를 놓치지 않고 흥을 돋우며 읽어주는 것이 중요해요. '쑥쑥'에 힘을 실어서요. 그러면 노랫말처럼 귀에 쏙쏙 들어오는 이 대목을 아이들이 따라 할지도 몰라요. 쑥 캐며 "쑥, 쑥, 쑥쑥!" 하고 쑥을 불러대는 거지요.

산책 나가면 아이들이 길가에서 반갑게 알은체하는 꽃이 있어요. 민들레요. 『민들레 일기』는 생생한 사진으로 민들레를 만날 수 있는 사진 그림책이에요. 일기 글이 짧지 않지만 입말체 문장이 착착 감기는 맛이 있어 쉽게 읽혀요. 논둑에서 피어난 민들레가 새싹으로 살그머니 고개를 내밀고, 된서리를 맞아 힘이 없을 때도 끝까지 어려움을 견뎌내며 씨앗을 맺는 과정이 손에 잡힐 듯한 사진을 통해 그려집니다. 사진작가 황헌만의 사진에 멋진 이야기가 어우러진 사진 그림책은 『민들레 일기』 말고도 『내 이름은 민들레』(소년한길), 『민들레의 꿈』(소년한길), 『아주 작은 생명 이야기』(소년한길) 등이 있어요.

민들레 하면 2015 볼로냐 라가치상 수상작인 『민들레는 민들레』 그림책도 떠오릅니다. 어디든 가리지 않고 피어나 자신의 존재를 드러내는 민들레를 통해 어디에 놓여 있든 진정한 '나'로 살아가면 좋겠다고 우리 아이들을 응원하는 듯한 그림책, 『민들레는 민들레』도 같이 만나보세요.

혹시 텃밭 가꾸기를 하고 계신가요? 그렇다면 씨뿌리기를 하고 텃밭 관찰을 시작했을지도 모르겠네요. 아이들이 텃밭에 쭈그려 앉아 흙을 만지면 자연스럽게 땅속 생물들을 만나게 되지요. 요즘엔 그런 기회가 많지 않아서 왕개미만 봐도 기겁하며 울음을 터뜨리는 아이도 있지만 자주 텃밭을 드나들면 차차 알게 돼요. 땅속에도 많은 생물이 산다는 걸.『땅속 생물 이야기』는 이럴 때 만나면 좋은 그림책이에요. 이야기도 있지만 온갖 땅속 생물들에 대한 짤막한 설명이 담겨 있어 도감처럼 활용할 수 있거든요. 두꺼운 도감과 달리 쉽게 들춰 볼 수 있고 금세 찾을 수 있어 아이들이 즐겨 찾는답니다. 물론 그 곁에 언제든 찾아볼 수 있게 세밀화로 그린 동식물 도감까지 놓아준다면 더욱 좋겠고요.

자연관찰 책이면서 플랩북(Flap Book) 형식으로 펼쳐 보는 재미가 있는 그림책도 있어요.『무럭무럭 씨가 자라면』과『무럭무럭 알이 자라면』은 접혀 있는 종이를 잡아당기면 포스터처럼 커다랗게 펼쳐져요. 처음엔 그게 재미있어서 자꾸만 펼쳐 보며 그림에만 관심을 두다가 점차 그 안에 담긴 이야기와 지식에도 자연스럽게 흥미를 보인답니다. 어린 나이의 아이들이 좀 더 반갑게 만나겠지요?

한편 4월에는 '장애인의 날(20일)'이 있지요.『어떤 느낌일까?』로 우리와 더불어 살아가는 장애인에 대해 생각해보고 이야기를 나누는 시간을 가지면 좋아요. 몸으로 직접 체험해보는 시간을 가져도 좋고요. 함께 보면 좋을 그림 책으로『눈』(창비)과『우리 딸은 어디 있을까?』(논장), 볼로냐에서 주목받은 『위를 봐요!』(은나팔), 장애가 있는 저자 여섯 명이 함께 지은『달콤한 목욕』 (바람의 아이들), 옛이야기『반쪽이』(보림),『길 아저씨 손 아저씨』(국민서관)도

추천합니다.

봄맞이한 자연과 더불어 우리 아이들도 깨어나고 피어나면 좋겠습니다. 산과 들로 나다니며 자연을 만나고 저마다 품은 씨앗을 싹 틔우는 봄이 되길 바라봅니다. 그래야 그림책으로 만나는 자연도 가슴으로 느낄 수 있을 테니까요. 봄을 맞은 아이들이 저마다 아름다운 꽃으로 피어나길 바랍니다.

나무는 좋다
재니스 메이 우드리 글 |
마르크 시몽 그림 |
시공주니어

겨울눈아 봄꽃들아
이제호 글·그림 | 한림출판사

꽃이 핀다
백지혜 글·그림 | 보림

**할머니, 어디 가요?
쑥 뜯으러 간다!**
조혜란 글·그림 | 보리

민들레 일기
이상교 글 | 황헌만 사진 |
소년한길

민들레는 민들레
김장성 글 | 오현경 그림 |
이야기꽃

땅속 생물 이야기
오오노 마사오 글 |
마쓰오카 다쓰히데 그림 |
진선

어떤 느낌일까?
나카야마 치나츠 글 |
와다 마코토 그림 | 보림

무럭무럭 씨가 자라면, 무럭무럭 알이 자라면
로버타 버틀러 글 | 존 데이비스 그림 | 애플비

5월 사랑을 전하는
생일그림책

어린이날부터 어버이날, 스승의 날까지 특별한 '날'도 많고 나들이, 결혼식 등 가족 행사도 많은 가정의 달 5월! 이달에 무엇보다 중요한 건 '사랑'일 거예요. 고마운 마음, 그리고 사랑하는 마음이 이맘때면 더욱 소중하게 다가오지요. 그 특별한 마음들, 그림책을 통해 나누면 어떨까요?

이달에는 생일그림책 이야기를 해볼까 해요. 생일그림책이 뭐냐고요? 말그대로 생일날 읽어주고 선물하는 그림책이에요. 생일만큼 아이들에게 소중하고 특별한 날도 없잖아요. 부모님에게도 뜻깊은 날이고요. 그날의 인연으로 아이와 새로운 관계가 형성되었고 새로운 시간들이 지속되고 있으니까요. 아이도 좋아하고 집에 가져갔을 때 부모님에게도 의미 있는 생일 선물을 고민하다가 그림책을 눈여겨보게 되었어요. 무엇보다 '사랑'을 안겨줄 수 있는 그림책을 찾았지요. 그렇게 나이마다 다른 그림책을 골라 선물한 것이 지금까지 이어지고 있답니다.

처음에 만 3세에게는 『사랑해 사랑해 사랑해』를 선물했어요. 머리부터 발끝까지 신체 부위를 짚으면서 자연스럽게 사랑하는 마음을 전할 수 있어 좋겠다 싶었거든요. 말이란 것이 사실 마음을 담는 그릇이잖아요. 무심코 하는 말이라도 꺼내놓고 보면 마음이 담겨 있게 마련이지요. 그런 만큼 사랑 표현에 인색한 부모님이라도 생일그림책을 읽어주다 보면 "사랑해, 사랑해" 속삭이게 될 테고, 그러는 사이 사랑하는 마음이 아이의 가슴에 선물처럼 폭 안기리라 생각했답니다. 그래서 앞면지에 짤막한 편지글을 붙여 보냈지요.

이 그림책의 '아가'라는 말 대신 우리 ○○ 이름을 넣어 처음부터 끝까지 천천히 읽어주세요. 무릎에 앉히거나 다정하게 품에 안고 사랑하는 마음 가득 담아 읽어주세요. 부모님의 사랑스러운 목소리가 우리 ○○ 가슴속에 오래도록 남아 우리 ○○를 행복하게 자라게 할 거예요.

그러다 몇 해 지나 『사랑해 사랑해 사랑해』 2편이라 할 수 있는 『사랑해 모두모두 사랑해』로 바꾸기도 했어요. 『사랑해 모두모두 사랑해』에서는 작가의 시선이 아이를 둘러싼 자연과 사물까지 확장되거든요. 이 책에서는 '~하듯이 너를 사랑해'가 반복돼요. 그래서 읽어주면 아이들이 "너를 사랑해!"라고 중얼거려요. 반복되는 그 구절, 특히 "너를 사랑해!"가 인상적으로 기억되는 모양이에요.

만 4세는 첫해에 『우리 엄마』(웅진주니어)를 골라 안겨주었어요. 아이들에게 엄마의 존재를 알려주는 특별한 그림책이 될 것 같아서요. 무엇보다 엄마가 아이를 꼭 끌어안는 마지막 장면이 좋아서 "우리 ○○를 꼭 안아주면서, '엄마/아빠도 우리 ○○, 사랑해!'라고 말해주세요!"라는 글을 덧붙였지요.

다음 해 고른 책은 같은 작가가 쓴 『난 별이 참 좋아』, 『난 자동차가 참 좋아』였어요. 서로 다르지만 비슷한 두 작품을 여자아이와 남자아이에게 따로 챙겨주었지요. 이 그림책들에는 "참 좋아!"라는 말이 반복적으로 나와요. 그래서 앞면지에 '부모님께 드리는 글'을 붙여 보냈어요.

> 『난 별이 참 좋아』, 『난 자동차가 참 좋아』는 좋아하는 것들에 대해 생각해 보게 하는 그림책이에요. 마거릿 와이즈 브라운의 리듬이 느껴지는 글과 상상력이 돋보이는 그림들이 어우러져 우리 특별한 ○○에게 읽어주면 참 좋을 것 같아요. 무엇보다 이 그림책을 고른 까닭은 마지막에 아주 중요한 이야기를 하기 위해서랍니다. 그건 바로, "엄마/아빠는 말이야, 우리 ○○가 참 좋아!"라는 말!
>
> "이렇게 건강하고 반듯하게 자라 생일을 맞은 우리 ○○가 참 좋아! 엄마/아빠는 언제까지나 우리 ○○를 사랑할 거야!"라는 말이에요. 덧붙여 하실 사랑의 속삭임이 있다면 이어서 말해주세요.

만 5세를 위해 처음 고른 책은 『언제까지나 너를 사랑해』였어요. 책에 나오는 자장가에 부모님만의 음을 붙여서 세상에 하나뿐인 노래를 만들어 불러주면 좋겠다고 생각했거든요. 그러다 몰리 뱅의 『엄마 가슴 속엔 언제나 네가 있단다』로 바꾸었어요. 어디서 무엇을 하든 부모님의 가슴속엔 언제나 우리 아이들이 있다는 이야기가 몰리 뱅 특유의 색감과 독특한 구성의 그림으로 펼쳐져 있거든요. 아이들에게 이 그림책을 읽어주면서 "얘들아, 가만히 손을 가슴에 갖다 대봐. '사랑해! 사랑해! 사랑해!'라는 소리가 들리는 것 같지 않니? 너희들 가슴속에는 언제나 사랑하는 엄마, 아빠, 또 가족들이 함께하고 있어서 그런 거야"라고 했더니 "어, 정말 '사랑해!' 소리가 들리는 것 같아요!" 하더군요. "에이, 이건 심장 뛰는 소리잖아요"라고 투덜거리는 아이들도 있었지만요.

그림 제공 열린어린이(『엄마 가슴 속엔 언제나 네가 있단다』)

해마다 생일그림책을 새롭게 고민하곤 해요. 더 좋은 신간 그림책이 나오지는 않았는지, 그동안 몰랐던 그림책 가운데 좋은 선물이 될 만한 책은 없는지 곰곰이 살펴보지요. 새롭게 아이들 품에 안긴 그림책 세 권은 『내가 정말?』(만 3세), 『태어나 줘서 고마워』(만 4세), 『하늘아이 땅아이』(만 5세)였어요.

『내가 정말?』, 『태어나 줘서 고마워』는 책 속에 함께 들어 있는 성장사진첩과 자장노래 CD 덕분에 더 좋은 선물이 되었지요. 그렇다고 그림책을 고른 이유가 그 때문만은 아니랍니다. 아이가 다섯 살이 되기까지의 시간들을 돌아보며 아이와 이야기를 많이 나눠보길 바라는 마음을 담아 『내가 정말?』

을, 탄생의 의미를 아이와 되새겨보며 "태어나줘서 고마워"라고 고백할 수 있는 시간을 마련하기 위해 『태어나 줘서 고마워』를 골랐어요. 만 5세는 매주 시간을 정해 사자소학(四字小學)을 만나는 터라 한자에 대한 흥미와 관심을 반영해 『하늘아이 땅아이』를 고르게 되었고요. 그림으로 한자를 만나고 글을 통해 자연과 세계, 부모의 고마움과 자신의 소중함을 느낄 수 있는 구성이 생일 선물 그림책으로 안성맞춤이다 싶었거든요. 이제는 그동안의 생일 그림책 목록이 제법 쌓여 해마다 조금씩 바꾸어가며 선물하고 있어요. 형제 자매가 나란히 다녀 똑같은 생일그림책을 받게 되면 다른 그림책을 내주기도 하면서요.

이 밖에도 『세상에서 가장 소중한 너에게』, 『똑똑똑 누가 왔을까?』(북뱅크), 『생일 축하해, 샘!』(보물창고), 『생일 축하해!』(사계절), 『나는 내가 좋아요』(웅진주니어), 『네가 아니었다면』(토토북), 『사랑해 100번』(책읽는곰) 등 생일그림책 후보에 오른 그림책이 여럿 있었답니다. 사실 우리 아이들에게 '사랑'을 선물하는 그림책들은 이보다 훨씬 많을 거예요. 어쩌면 마음을 다해 읽어주는 그림책 한 권 한 권이 사랑을 안겨주는 순간들일지 몰라요. 그럼에도 많은 사람이 굳이 "사랑해"라는 말을 내뱉게 하는 그림책들을 찾는 까닭은 그 말이 가진 특별한 힘 때문이 아닐까요? 아름다운 5월, 우리 아이들에게 어느 때보다도 사랑을 자주 고백하는 시간 보내시길 바랍니다.

사랑해 사랑해 사랑해
버나뎃 로제티 슈스탁 글 |
캐롤라인 제인 처치 그림 |
보물창고

사랑해 모두모두 사랑해
매리언 데인 바우어 글 |
캐롤라인 제인 처치 그림 |
보물창고

난 별이 참 좋아
마거릿 와이즈 브라운 글 |
박해남 그림 | 비룡소

난 자동차가 참 좋아
마거릿 와이즈 브라운 글 |
김진화 그림 | 비룡소

언제까지나 너를 사랑해
로버트 먼치 글 |
안토니 루이스 그림 | 북뱅크

**엄마 가슴 속엔
언제나 네가 있단다**
몰리 뱅 글·그림 | 열린어린이

내가 정말?
최숙희 글·그림 | 웅진주니어

태어나 줘서 고마워
니시모토 요우 글 |
구로이 켄 그림 | 아이세움

하늘아이 땅아이
최숙희 글·그림 | 웅진주니어

세상에서 가장 소중한 너에게
에이미 크루즈 로젠탈 글 |
탐 리히텐헬드 그림 |
다림

6월 몸과 마음에 바람을 일으키는 그림책

점점 무더워지는 6월에는 반가운 명절인 단오가 있어요. 예로부터 월과 일이 같은 날은 양기(陽氣)가 가득해 길일로 쳤는데, 5월 5일(음력)은 그중 으뜸이라 명절로 지내왔다고 해요. 농사일을 하는 조상들에게 씨뿌리기와 모내기를 마친 뒤 찾아오는 단오는 쉼표 하나 찍으며 쉬어 가기에 좋은 날이었을 거예요. 이때만큼은 우리 조상들도 마음껏 놀이를 즐겼다고 해요. 그러면서 무더운 날에도 별 탈 없이 건강하게 농사지을 수 있기를 바랐겠지요.

6월의 그림책 이야기는 우리 아이들과 즐겁게 벌이는 단오 잔치로 시작해 보려 해요. 『얼쑤 좋다, 단오 가세!』부터 볼까요? 아이들에게 이 그림책을 보여줄 땐 제목에 구성진 가락을 담아 흥을 돋워 읽어주세요. 그러면 아이들이 호기심 어린 눈빛으로 쳐다볼 거예요. 그림책을 열면, 강릉단오제 풍경이 실감 나게 펼쳐진답니다. 덕분에 그날의 분위기를 생생하게 느낄 수 있어요. 단오 잔치를 어떻게 벌이면 좋을지 지혜를 얻을 수도 있고요.

금오유치원에선 단옷날 씨름판을 벌여요. 반별로 씨름 대회를 열어 씨름 장사를 뽑는 거예요. 나이에 따라 체격이나 기술의 차이가 있으니 반별 씨름 대장들이 모여 다시 승부를 가릴 때도 나이별로 씨름판을 벌이는 게 좋답니다. 씨름은 하는 재미도 있지만 보는 재미도 커서 씨름을 하는 아이도 보는 아이도 손에 땀을 쥐기는 마찬가지예요.

씨름 대회를 준비할 때는 최고의 씨름 대장(천하장사)에게 선사할 소를 마련해두세요. 아니, 어떻게 소를 데려오느냐고요? 선생님들이 정성껏 만들면 되지요. 이왕이면 황금색으로 만들어 황금 소를 데려갈 수 있게 해주세요. 아이들에게 두고두고 커다란 자랑거리가 된답니다.

씨름 대회를 앞두고 그림책 『씨름』을 만나보세요. 역동적인 그림이 재미나게 펼쳐지는 『씨름』을 본 아이들은 소중한 우리 놀이 문화인 씨름의 재미와 즐거움을 새롭게 깨달을 거예요. 『으랏차차! 씨름』 그림책은 아빠를 졸라 씨름하는 남자아이의 모습이 유쾌

그림 제공 사계절(『씨름』)

한 그림으로 펼쳐져요. 다양한 기술을 구사하며 아빠와 한판 씨름을 벌이는 주인공 아이를 동물 친구들이 응원하지요. 그림책을 보는 아이들도 동물 친

구들과 같은 마음이 되어 아이가 아빠를 쓰러뜨릴 때마다 신나 합니다.

만 3세에게는 씨름의 규칙이 어려울 수 있으니 눈씨름, 손가락씨름, 풀씨름, 팔씨름, 발씨름, 돼지씨름 같은 다양한 씨름을 즐겨도 좋아요. 그러면 형님들이 하는 전통 민속씨름을 구경하면서 '나도 내년엔 쑥쑥 커서 꼭 씨름을 할 테야!'라는 바람을 갖는 아이들도 생겨나지요.

창포물에 머리 감기도 빼놓을 수 없어요. 창포를 푹 삶아 우려낸 물에 머리를 감으면 창포 특유의 향기가 머리에 스며들고 시원한 청량감이 들면서 머리카락에서 윤기가 난답니다. 하지만 많은 아이가 한꺼번에 머리 감기는 쉽지 않으니 창포물에 손을 씻거나 발을 닦아보게 해도 좋을 거예요.

또 단오에는 무더운 날 시원한 바람을 일으키며 건강하게 지내라고 부채를 선물하기도 했다지요? 접었다 펼치는 부채부터 동그란 부채까지 모양과 크기도 여러 가지인 부채. 어떻게 부채를 꾸미면 좋을지 생각해서 아이들과 특색 있는 부채를 만들어보세요. 부채를 만들고 나면 부채에 부쩍 관심을 보여요. 이럴 때 『빨간 부채 파란 부채』 옛이야기 그림책을 만나면 부채질하는 재미가 특별해진답니다.

이달에는 '치아의 날'도 있지요. 첫 영구치인 어금니가 나는 만 6세의 '6', 그리고 (영)구치의 '구'를 숫자화해서 6월 9일을 치아의 날로 정했다고 해요. 이맘때 몇 가지 프로그램을 마련한 보건소를 찾아 칫솔질 바르게 하는 방법을 알아보고 이(齒)와 관련된 인형극 관람도 한 적이 있어요. 가까운 곳에 보건소가 있다면 치아의 날을 맞아 특별한 프로그램을 진행하는지 알아보세요. 아이들이 혼자서 이 닦기를 제대로 하기란 쉽지 않아요. 그런 까닭에 요즘엔

충치 있는 아이들도 많고 치과 진료를 받는 아이들이 제법 있더라고요. 그래서인지 관련 그림책도 많이 나와 있고요.

치과 가는 아이들의 마음을 헤아려 간결한 글과 그림으로 표현한 『악어도 깜짝, 치과 의사도 깜짝!』을 비롯해, 이(齒) 이야기를 익살스러운 그림에 담아 재미있게 전개한 『내 이 봐 봐』, 두고두고 읽어도 질리지 않는 『충치 도깨비 달달이와 콤콤이』까지 바다 건너온 이(齒) 그림책이 여러 권 있답니다.

우리나라에서 나온 책은 없느냐고요? 물론 있어요. 아이가 그린 듯한 그림으로 치과 진료의 상세한 과정을 알기 쉽게 이야기해주는 『치과에 갔어요』, "하마가 치즈 먹고 메롱~"이라는 재미난 주문을 알게 되는 『이 닦기 대장이야!』(웅진주니어), 리듬감 있는 간결한 이야기로 칫솔질을 즐겁게 하게 돕는 『치카치카 하나 둘』, 미니어처 일러스트레이션으로 생생하게 만나는 『칫솔맨, 도와줘요!』까지 여러 권을 만날 수 있지요.

이 닦기는 매일매일 반복하는 기초적인 생활 습관이지만 그만큼 소홀해지기도 쉬워요. 이 닦기에 대해 자세히 일러주고 여러 가지 관련 활동을 한 뒤에도 시간이 흐르면 양치질을 제대로 하지 않는 아이들이 생겨나요. 그럴 때 앞서 소개한 그림책들을 읽어주며 다시 한 번 짚어주세요. 마음을 새롭게 다질 수 있게요.

6월은 한국전쟁이 일어난 달이기도 해요. 책꽂이에서 『비무장지대에 봄이 오면』과 『다른 쪽에서』, 『평화란 어떤 걸까?』(사계절) 그림책들을 뽑아봅니다. 『비무장지대에 봄이 오면』은 '전쟁'이라는 단어를 도무지 실감할 수 없는 아이들과 함께 분단된 나라의 슬픔에 대해 생각해보는 귀한 시간을 나눌 수 있어요. 『다른 쪽에서』의 담장은 남과 북을 가르는 휴전선을 떠올리게 해요. 두 아이가 공을 주고받으며 마음을 나누고 결국 만나게 되는 마지막 장면에서는 통일을 생각하게 되고요. 또 환하고 밝은 노란색이 가득한 『평화란 어떤 걸까?』 그림책은 '평화'가 무엇인지 생각하게 합니다. 부디 아이들이 평화롭게 자라나면 좋겠습니다.

얼쑤 좋다, 단오 가세!
이순원 글 | 최현묵 그림 |
책읽는곰

씨름
김장성 글 | 이승현 그림 |
사계절

으랏차차! 씨름
윤봉선 글·그림 | 여우고개

빨간 부채 파란 부채
임정진 글 | 홍성지 그림 |
비룡소

**악어도 깜짝,
치과 의사도 깜짝!**
고미 타로 글·그림 | 비룡소

내 이 봐 봐
야규 겐이치로 글·그림 |
한림출판사

충치 도깨비 달달이와 콤콤이
안나 러셀만 글·그림 | 현암사

치과에 갔어요
신순재 글 | 김남균 그림 |
한솔수북

치카치카 하나 둘
최정선 글 | 윤봉선 그림 | 보림

칫솔맨, 도와줘요!
정희재 글 | 박선영 그림 |
김향수 빛그림 | 책읽는곰

비무장지대에 봄이 오면
이억배 글·그림 | 사계절

다른 쪽에서
로랑스 퓌지에 글 |
이자벨 카리에 그림 | 다림

7월 토도독 토독,
비 그림책

몇 년 전 6월 어느 날이 떠오릅니다. 아이들과 함께 커다란 비닐봉지로 비옷을 만들어놓고 비가 오기를 기다렸어요. 그런데 6월이 다 가도록 비 소식이 없는 거예요. 비 내리는 날 정성껏 만든 비옷을 입고 산책 가기로 약속했는데 비가 오지 않으니 아이들이 얼마나 애태웠는지 모른답니다. 밤마다 잠들기 전에 비 내리길 두 손 모아 빈다는 아이들도 있었고, 아침마다 창가로 달려가 하늘을 쳐다본다는 아이들도 있었어요. 그런 아이들을 바라보는 부모님들도 비를 기다리기는 마찬가지. 선생님들도 애가 바짝바짝 탔지요.

그렇게 기다리고 기다리고 또 기다리던 비님이 7월 어느 아침, 드디어 오셨어요! 장화 신고 우산 들고 유치원에 들어선 아이들의 들뜬 얼굴은 환하게 빛났고, 곱게 접어둔 비옷을 꺼내 입고 선생님과 함께 비를 만나러 나섰지요. 빨간 비닐봉지로 모자까지 만들어 쓴 아이들은 비 한가운데로 찰방찰방 걸어 나가 빗속을 멋지게 수놓았답니다. 사실 처음에는 다들 당황스러워 보였어

요. 대부분 비옷 나들이가 처음이라, 신이 나서 빗속에 뛰어들긴 했는데 어떻게 놀아야 할지 몰랐던 거예요. 하지만 그것도 잠시, 아이들은 금세 빗속 놀이를 터득하고 재미나게 놀기 시작했어요. 얼굴에 물이 튀고 옷자락이 젖는다고 울상이던 아이들도 언제 그랬

"와, 비다!" 내가 만든 비옷 입고 빗속 산책 시작!

느냐는 듯 빗속을 누비며 돌아다녔지요. 작은 웅덩이를 찾아내 물을 튀기고 여기저기서 소리 지르며 뛰어놀던 아이들, 얼마나 즐거워하던지!

『즐거운 비』를 펼치면 그날 아이들의 모습을 떠올리게 하는 그림을 만날 수 있어요. 수묵화로 그린 그림이, 간결한 붓놀림에도 먹물이 자연스럽게 번지는 효과와 어우러져 빗속에 뛰어노는 아이들의 신나는 마음을 실감 나게 전해주지요. 표지만 봐도 느낄 수 있어요. 서세옥 화백의 먹물 그림도 빼어나지만 그림에 숨결을 불어넣은 김향수 작가의 글도 참 좋습니다. 덤으로 서세옥 선생님의 먹그림 이야기도 만날 수 있어요. 이 그림책을 보고 나면 먹으로 그림을 그려보고 싶다는 마음이 생겨나요.

『즐거운 비』가 먹그림책이라면 『비가 오는 날에…』는 연필그림책이에요. 큼직한 판형에 연필로 거침없이 그린 그림이 아이들의 마음을 단박에 사로잡

는답니다. "이렇게 비가 오는 날, 치타는 무얼 할까?"로 시작해서 이어지는 기발한 상상도 재미나지만 처음에 이 그림책을 보고 깜짝 놀란 건 그림 때문이었어요. 연필만으로도 선의 굵기와 농도, 방향, 흐름 등을 달리하면 얼마든지 멋진 그림을 그릴 수 있다는 걸 깨달았거든요. 빗속을 누벼본 아이들에게 이 그림책을 보여주고 연필과 종이를 내주면 어떤 그림을 그릴까요?

빗속 산책을 마친 아이들에게는 『야, 비 온다』를 보여주면 좋아요. "똑또닥 똑또닥, 후둑 후둑 후두둑, 토닥 토닥 탁탁탁, 투둑 투둑 투두툭, 탁타닥 탁타닥 타닥, 호도닥 호도닥……." 비 오는 소리가 얼마나 다양하게 표현되어 있는지 몰라요. 여러 가지 비가 내리는 모습과 모양을 동시로 재미나게 풀어 놓은 『비』는 우리말로 빚어낸 다양한 비 이야기를 맑은 수채화 그림으로 정겹게 만나볼 수 있지요. 또 우리 아이들이 손수 만든 비옷 가운데 가장 눈에 띈 빨간 모자를 떠올리게 하는 『열무의 빨간 비옷』은 주인공 '열무'가 신기한 주머니에서 빨간 비옷을 꺼내 입고 빗속에서 누굴 만날 때마다 빨간 비옷을 꺼내 주는 이야기랍니다. 열무의 예쁜 마음이 고스란히 전해져 입가에 미소가 절로 번지는 그림책이에요.

이제는 빗속 산책을 자주 즐겨, 비 올 때마다 아이들이 비옷을 챙겨 오곤 해요. 선생님들은 '비가 안 오면 어쩌지?' 하며 살짝 걱정하기도 하지요. 하

그림 제공 느림보(『열무의 빨간 비옷』)

지만 알아요. 어느 날 반갑게 비를 만나리라는 걸. 그리고 기다림이 클수록 기쁨도 크다는 걸요. 혹 아이들 마음이 비를 기다리다 지칠 때면 그림책으로 비를 만나며 달래본답니다. 비 오는 날의 풍경을 그린 고전 『비 오는 날』을 비롯해 온몸을 일깨우는 즐거운 놀이로 동네 구석구석을 누비는 남매의 행복한 여정을 글 없는 그림으로 보여주는 『야호, 비 온다!』, 빗속 산책 중인 아이들의 경쾌한 모습이 다채로운 색과 소리로 담긴 『참방참방 비 오는 날』, 즐겁게 노래 부르며 비 내리는 모습을 상상해볼 수 있는 『구슬비』, 비가 오면 만날 수 있는 생명들에 관심을 갖게 하는 『비 오는 날 또 만나자』, 한국화로 지렁이, 달팽이, 거북이의 신나는 빗속 여행을 그려낸 『비야, 안녕!』, 알록달록 우산 그림과 동봉된 CD 음악을 보고 들으며 비 오는 날의 풍경을 떠올려보는 글 없는 그림책 『노란 우산』 등 비 그림책이 여럿 있으니까요.

빗속 산책을 다녀온 다음 감기를 앓는 아이들도 있기는 해요. 하지만 감기가 무서워서 나가지 못한다면 아주 특별하고 소중한 기회를 놓치는 셈이에요. 나무를 흔들어 후드득 떨어지는 빗방울을 맞아보고, 웅덩이도 뛰어넘어보고, 찰박찰박 장화 신은 발로 빗물을 튀기며 신나게 놀이하는 그 순간, 행복이 우리 곁에 머무르고 있다고 느끼거든요. 그런 순간이 모이고 모여 아이들 가슴에 반짝반짝 빛나는 보물로 남는 게 아닐까요?

비 오는 날, 아이들과 함께 밖으로 나가 비를 맞아보세요. 진짜로 비를 만나보세요. 그래야 그림책으로 만나는 비도 온몸으로 느끼게 된답니다.

7월의 그림책

즐거운 비
김향수 글 | 서세옥 그림 |
한솔수북

비가 오는 날에…
이혜리 글·그림 |
정병규 꾸밈 | 보림

야, 비 온다
이상교 글 | 이성표 그림 | 보림

비
이주영 글 | 박소정 그림 |
고인돌

열무의 빨간 비옷
민정영 글·그림 | 느림보

비 오는 날
유리 슐레비츠 글·그림 |
시공주니어

야호, 비 온다!
피터 스피어 그림 | 비룡소

참방참방 비 오는 날
후시카 에츠코 글 |
모로 카오리 그림 | 키다리

구슬비
권오순 글 | 이준섭 그림 |
문학동네어린이

비 오는 날 또 만나자
사토우치 아이 글 |
히로노 다카코 그림 | 한림출판사

비야, 안녕!
한자영 글·그림 | 비룡소

노란 우산
류재수 그림 | 신동일 작곡 |
보림

8월 더위 날려버리는
여름 그림책

　그림책 『맴』(반달) 속 가득한 매미 소리가 여기저기 뜨겁게 울려 퍼지고 무더위가 심술을 부리는 8월, 여름 그림책들을 골라봤어요.

　먼저 사계절 시리즈 중 하나인 『수잔네의 여름』을 책꽂이에 챙겨두고, 크기는 작지만 여름철 맛나게 먹을 수 있는 먹을거리를 시원하게 소개한 보드북 『풍덩 시원해요』(호박꽃)도 꺼내서 잘 보이는 곳에 꽂아둡니다. 아기 계절 그림책으로 만들어진 『풍덩 시원해요』는 귀여운 '똥강아지'들 찾는 재미와 더위에 지친 과일들이 물놀이하는 시원함, 의성어와 의태어로 리듬까지 담아 알차게 만든 책이에요. 글이 짧고 쉬우면서도 노래처럼 운율이 있어 입안을 맴돌고, 정겨운 그림은 보고 또 봐도 질리지 않아 아기뿐 아니라 누구라도 즐겁게 만날 수 있어요.

이어서 여름철에 즐겨 먹는 과일로 빼놓을 수 없는 수박을 그림책으로 만나볼까요? 반으로 쩍 가르고 조각조각 잘라 나누어 먹으면 더 맛나는 수박, 초록 바탕에 검정 줄무늬 옷을 입고 속은 빨간 동글동글 수박, 무엇보다 달고 시원해 아이들이 좋아하는 수박!

『수박』은 속표지 화면에 주인공인 농부를 소개하면서 말풍선에 담긴 또 다른 제목을 알려줍니다. '커다란 아주아주 커다란 수박'! 책장을 넘기면 점토와 종이를 이용해 만들었다는 입체 그림들이 우리를 생생한 이야기 속으로 이끌어요. 수박밭에서 '아주아주 커다란 수박'을 발견한 농부는 집으로 가져가 아내와 수박을 자르려다가 "이렇게 귀한 수박을 우리만 먹을 순 없어"라며 어머니를 떠올립니다. 농부가 어머니에게 가져간 수박은 여러 사람의 손을 거쳐 돌고 도는데 자신보다 이웃을 생각하고 온전히 내주는 마음 씀씀이가 정겹고 귀하게 다가와요. '딩굴 상회' 앞에서 모두 모여 수박을 나누어 먹는 모습을 마주하며 괜스레 기분이 좋아지는 건 이 때문일 거예요. 수박을 나누어 먹으려면 쪼개야 하지요. 『수박을 쪼개면』 속에는 진짜 수박을 가르고 쪼갠 것처럼 수박의 여러 단면과 조각 모양이 그림으로 기다리고 있어요. 잘린 책장을 조각조각 넘겨보고 마지막에는 '조그맣게' 자른 수박 조각을 퍼즐처럼 맞춰볼 수 있답니다. 마치 직접 수박을 쪼개고 자르는 듯한 느낌이 들어 자꾸만 펼쳐보게 되는 그림책이에요. 단순한 이야기지만 책장을 넘기며 능동적으로 참여할 여지가 있어 아이들 곁에 가까이 내주면 좋은 그림책이지요.

『화가 난 수박 씨앗』 그림책에는 제목 그대로 화가 난 수박 씨앗이 나와요. 왜 화가 났느냐고요? 호호 할머니가 땅에 정성껏 묻어둔 수박씨를 동물들이 자꾸만 파서 들추고서는 까만 수박 씨앗을 보고 '시시'하다고 하거든요. 게다가 호호 할머니마저 속상한 수박 씨앗의 마음을 몰라주고 "이제 싹도 좀 틔우고 얼른얼른 자라기나 해!!" 하며 소리를 칩니다. 이 말에 잔뜩 화가 난 수박 씨앗은 "딱 튀어 벌어"지며 싹을 틔우고 씩씩거리며 마구 뻗어나가지요. 그리고 금세 꽃 피워 큼직한 수박으로 자라납니다. 동물들이 사는 집 문을 가로막을 만큼 엄청나게 커다란 수박으로 자라나고도 분이 풀리지 않았는지, 수박을 먹으려고 쩍 가른 호호 할머니와 동물들에게 고함을 질러요. 아직도 내가 시시해 보이느냐고요. 수박 씨앗의 고함은 점점 커지며 반복되는데 이 부분을 읽어줄 때마다 손뼉 치며 즐거워하는 아이들 모습이 떠오릅니다. "작다고 무시하지 마세요! 보이는 게 전부는 아니라고요!"라고 외치는 듯한 까만 수박 씨앗. 아이들도 수박 씨앗의 마음과 같을 때가 있을 거예요. 그러니 이 책을 읽어줄 때는 아이들을 응원하는 마음으로 활기차게 읽어주세요.

『수박씨를 삼켰어!』에는 수박씨를 삼켜버린 악어가 나와요. 이제 배 속에서 수박이 자랄 거라고 걱정하며 온갖 상상을 이어가는 악어의 모습에 절로 웃음이 나지요. 그러나 다행스럽게도 트림 한 번에 삼킨 씨를 뱉어내는 악어. 다시는 수박을 먹지 않겠다고 했다가 이내 "한 입만 먹어볼까? 아주 조금만?" 하면서 '아삭아삭!' 베어 먹는 악어의 모습은 아이들을 꼭 닮았어요. 결국 수박을 다 먹은 악어는 불룩 나온 배를 움켜잡고 다시 걱정스러운 얼굴이 되지요. 하지만 우리는 알아요, 괜찮을 거라는 걸요. 수박씨를 삼켜버린 소동을 초록, 빨강, 검정 등 수박에서 볼 수 있는 색으로 단순하고도 간결하게, 무엇보다 유쾌하게 그려낸 『수박씨를 삼켰어!』. 책을 덮고도 즐거운 여운이 시원하게 남아요.

부드러운 색연필로 꼼꼼하게 색칠해 선명하면서도 또렷한 색감이 인상적인『수박 수영장』! 안녕달 작가는 첫 그림책에 더운 여름날 모두가 빠져보고 싶어 하는 놀라운 공간을 만들어냈어요. 수박 씨앗을 빼내고 그 자리에 들어가 앉아 시원한 수박 물로 더위를 날려버리는 할아버지 모습이며, 수박 살 던지기, 수박 잎 위에서 다이빙하기, 수박 껍질 미끄럼 타기, 구름 장수의 구름 양산과 먹구름 샤워 등 기발한 상상이 책 속에 가득하지요. 이야기가 지루할 틈 없이 쭉쭉 이어지고 펼쳐져 아주아주 즐거워요. 어딘가 꼭 있을 것 같은 느낌으로 우리 마음을 단숨에 사로잡는 수박 수영장. 매해 여름이면 찾게 되는 수박처럼 여름마다 아이들과 찾게 되고 놀러 가게 될 것 같아요.

더운 여름이면 수박만큼 찾게 되는 장소도 있지요. 수영장, 바다, 강, 계곡처럼 시원한 물이 있는 곳! 여름방학식 때마다 물놀이 안전에 대해 자세히 일러주는데 그런 마음을 헤아려 만들어진 그림책이 있어요. 안전 그림책 시리즈 가운데 물놀이 편『여름이 좋아 물이 좋아!』는 시원한 강가로 물놀이를 떠난 수영이네 가족 이야기를 통해 안전하게 물놀이하는 방법을 자연스럽게 일러줘요.

그런가 하면 글 없는 그림책『수영장』은 새롭고 낯선 방법으로 수영장을 만나게 합니다. 수영장을 상상이 펼쳐지는 곳으로 그려놓았거든요. 아이들에게 수영장은 어른들이 보는 것 이상의 뭔가를 보고 발견하고 또 탐험하고 모험하는 즐거운 곳이지요. 새로운 추억이 생겨나는 곳이기도 하고요. 글이 없기에 자유롭게 이야기를 나누며 저마다 마음대로 헤엄칠 수 있는『수영장』도 만나보세요. 마치 바닷가의 파도를 그림책 속에 옮겨놓은 듯 생생하게 그려낸 이수지 작가의 글 없는 그림책『파도야 놀자』도 떠오릅니다. 책장을 넘기면 드넓게 펼쳐지는 바다와 살아 있는 것만 같은 파도의 움직임에 주인공 아이와 더불어 파도와 한판 놀게 되는 재미난 그림책이지요.

어딜 가나 엄마, 아빠와 함께 있고 싶어 하는 아이들. 하지만 현실 속 엄마, 아빠는 그렇지 못할 때가 많습니다. 그런 마음을 알아차리고 유쾌한 상상으로 온 가족을 일상에서 탈출하게 하는 그림책『여름휴가』,『우리 가족 납치 사건』을 만날 수 있어 얼마나 반갑던지요! 현실을 당장 바꿀 수는 없겠지만 마음의 숨통을 틔워주는 이런 그림책들을 만나면 아마 축 처진 어깨를 추스르고 다시 웃을 수 있을 거예요. 아이들뿐 아니라 어른들도요. 좋은 그림책은 아이 어른 가리지 않고 힘이 되어주니까요. 여름방학, 집을 떠나 평소 경험하지 못한 시간들을 누리며 한 뼘 성장하는 이야기를 담고 있는 그림책『마법의 여름』(아이세움)과『최고로 멋진 놀이였어!』도 추천합니다.

8월엔 칠석날도 있으니『견우 직녀』(보림),『칠월칠석 견우 직녀 이야기』(비룡소) 그림책을 보여주며 그날의 의미에 대해 이야기 나눠볼 수 있어요. 나이에 따라, 글이 많다 싶을 때는 꼭 그대로 읽어주기보다 그림에 맞게 이야기를 지어내는 것도 좋은 방법이랍니다. 즉석에서 하기 부담된다면 미리 연습해보면 어렵지 않을 거예요. 이렇게 다채로운 여름 그림책을 만나며 하루하루 더위 날려보내면 어느 날 성큼 다가온 가을과 마주하지 않을까요?

8월의 그림책

수잔네의 여름
로트라우트 수잔네 베르너 글·
그림 | 보림

수박
허은순 글·사진 |
이정현 그림 | 은나팔

수박을 쪼개면
유문조 글·그림 | 비룡소

화가 난 수박 씨앗
사토 와키코 글·그림 |
한림출판사

수박씨를 삼켰어!
그렉 피졸리 글·그림 | 토토북

수박 수영장
안녕달 글·그림 | 창비

여름이 좋아 물이 좋아!
김용란 글 | 곽성화 그림 |
문학동네어린이

수영장
이지현 그림 | 이야기꽃

파도야 놀자
이수지 그림 | 비룡소

여름휴가
장영복 글 | 이혜리 그림 |
국민서관

우리 가족 납치 사건
김고은 글·그림 | 책읽는곰

최고로 멋진 놀이였어!
말라 프레이지 글·그림 |
뜨인돌어린이

9월 가을을 맞이하는 그림책

9월(~10월) 달력을 보면 빨간색으로 자리 잡은 추석 연휴가 눈에 띄어요. 해마다 일 년 열두 달 세시 활동들을 챙겨가며 아이들과 즐거운 시간을 보내는데, 그중 한가위 한마당 잔치가 시끌벅적 재미나기로 단연 으뜸이랍니다. 뭘 하느냐고요? 일단 전래 놀이마당을 제대로 꾸려 신나게 놀아요. 반별로 놀이마당을 펼쳐놓고 이 반 저 반 돌아다니며 땀을 삐질삐질 흘릴 정도로 논답니다. 강당이나 마당이 넓다면 거기서 놀이마당을 벌여도 좋겠지요. 아이들이 제대로 놀려면 시간도 공간도 넉넉해야 하니까요.

놀이 이야기가 나온 김에 놀이노래 그림책을 한 권 알려드릴게요. 『깨롱깨롱 놀이 노래』는 노랫말의 세계가 그림으로 쫙 펼쳐져 있는 재미난 책이에요.

특히 펼쳐진 두 쪽짜리 그림 안에 노래가 들려주는 놀이를 잘 풀어놓았어요. 그림을 보는 재미도 쏠쏠하지만 거기 담긴 놀이를 알아맞히고 직접 해보는 즐거움도 특별하지요. CD까지 들어 있으니 아이들과 한번 신나게 만나보세요.

놀이 이야기부터 시작했지만 한가위 한마당 잔치는 수확의 기쁨을 누리는 시간이에요. 빨간 고무 대야에 심어놓은 벼도 수확하고, 텃밭에서 여름내 자란 고구마도 캔답니다. 고구마 캘 때는 고구마 그림책『아주 아주 큰 고구마』, 『고구마 버스』, 『고구마 방귀 뿡!』을 만나면 고구마 캐기가 즐거워져요! 그림책으로 마주한 상상 놀이가 고구마를 캐면서 이어지거든요. 땅속 깊숙이 아주 커다란 고구마가 숨어 있을 거라며 여기저기서 고구마와 씨름하는 풍경이 벌어진답니다. 영차, 영차, 고구마와 줄다리기하는 아이들 무리도 생겨나지요. 고구마 한 아름 캐고 돌아와서 그려내는 그림 속에도 이야기가 가득해요.

언젠가는 수확한 햇고구마를 상에 올려 강당에서 차례를 지내기도 했어요. 차례상에 고구마만 올려놓을 수는 없으니 햇곡식과 햇과일을 조금씩 올려놓고, 술 대신 아이들과 차를 따라 올렸지요. 다 함께 엎드려 절도 했고요. 어떤 해에는 신문지와 편지봉투, 점토 따위로 아이들이 차례 음식을 모두 만들어 상을 차리기도 했답니다. 반마다 음식 한두 가지씩 맡아서 정성껏 만들고 빚어 내놓았어요. 모두 모아 한 상 차리고 더불어 마음을 모은 기억이 나네요. 한 해의 추수에 감사하는 명절인 추석의 의미를 몸소 느끼고 경험하는 자리가 되었지요.

몇 날 며칠 이어지는 한가위 한마당 잔치가 열릴 때마다 여기저기 불려 다니느라 바쁜 그림책이 있어요. 바로『솔이의 추석 이야기』예요. 이 그림책을

그림 제공 길벗어린이(『솔이의 추석 이야기』)

처음 마주한 때가 생각나요. 제 어릴 적 이야기가 고스란히 담긴 것 같아 얼마나 반가웠는지 몰라요. 무엇보다 사람과 사람이 만나 한자리에 어우러지는 기쁨과 즐거움이 섬세하게 담겨 있어서 마음이 짠했지요. 세월이 훌쩍 지나 요즘 아이들이 추석을 지내는 풍경은 그때와 많이 달라졌지만, 오랜만에 할아버지와 할머니를 만나는 반가움, 친척과 사촌을 만나는 기쁨만큼은 변하지 않으면 좋겠어요.

한가운데 떠오른 보름달 둘레로 토끼들이 강강술래를 하는 표지 그림이 인상적인 『더도 말고 덜도 말고 한가위만 같아라』도 함께 보면 좋아요. 추석을 맞이한 조상들이 무엇을 하고 어떻게 지냈는지 자연스럽게 알 수 있으니까요. 제목화면을 펼치면 추석빔 입고 신이 난 옥토끼를 만날 수 있어요. 그 옥토끼가 책의 주인공이랍니다. 옥토끼는 우리를 먼 옛날 추석을 앞둔 어느 가을날로 데려가 우리가 잘 모르는 '올게심니'에 대해서도 알려주고, 보름달에 소원 비는 간절한 마음도 느끼게 해줘요. 책 마지막 부분에는 추석에 대한 여러 가지 정보가 입말로 잘 정리되어 있어 아이들과 이야기 나누기 할 때도 도움이 된답니다. 이 밖에도 『달이네 추석맞이』, 『분홍 토끼의 추석』(비룡소), 『씨름 도깨비의 추석』(키즈엠), 『엄마 반 나도 반 추석 반보기』(웅진주니어) 등 더불어 살펴볼 수 있는 추석 그림책들이 여럿 나와 있으니 아이들에게 내줄 때 참고하세요.

아이들과 송편을 빚기 전에는 『떡 잔치』를 만나면 좋아요. 2월 이야기에서 소개한 『사시사철 우리 놀이 우리 문화』(한솔수북)가 세시 활동 가운데 놀이 편을 다루었다면, 『떡 잔치』는 세시 음식, 그중에서도 '떡' 이야기를 모아 엮은 그림책이에요. 송편에 대해서만 다룬 책은 아니지만 떡을 중심으로 여러 잔치의 의미를 느낄 수 있으니 도움이 될 거예요.

한가위가 지나면 우리 곁에 성큼 다가온 가을을 만나게 되지요. 여건이 된다면 산으로 들로 다니며 가을을 느끼는 시간을 가져보세요. 그리고 돌아와서 『가을을 만났어요』 그림책을 마주하는 거예요. 가을을 마치 사람처럼 표현한 이야기가 어려워 어떤 아이들은 도통 무슨 소리인지 모르겠다는 얼굴일 수도 있지만, 가을을 만나게 해주고 싶은 마음을 담아 시 낭송하듯 들려주면 아이들 가슴속에 가을의 향기가 은은하게 퍼질 거예요.

'도토리 계절 그림책' 시리즈에서 가을 그림책인 『바빠요 바빠』에는 도시 아이들은 좀처럼 접할 수 없는 풍요로운 가을 풍경이 정겹게 펼쳐져 있어요. 추석을 맞아 시골에 다녀온 아이들이 있다면 마주했을지 모르는 모습들이지요. 세밀하게 그려낸 농촌의 가을 풍경도 멋지지만 반복적인 말들로 언어의 리듬감과 운율을 느낄 수 있어 읽다 보면 절로 흥이 나는 그림책이지요.

가을을 맞아 아이들과 산에 오를 계획이 있다면 『산에 가자』도 만나보세요. 그림 작가가 일부러 왼손으로 그렸다는 연필 그림이 거친 듯하면서도 가을 산의 오밀조밀한 모습들을 유쾌하게 담아놓아 마음을 들썩이게 한답니다. 아, 이 그림책을 보여주면 아이들이 책에 나온 대로 모두 해보려고 하니까 그 점은 염두에 두시고요. 외국 작가의 글에 이수지 작가가 그림을 그린 『아빠, 나한테 물어봐』 그림책도 가을날 아빠와 딸아이가 산책하는 이야기예요. 색연필로 힘껏 그려낸 붉은 단풍은 불타오를 것처럼 붉고, 노란 나뭇잎은 세상을 환하게 밝힐 만큼 눈부십니다. 울긋불긋 화려하고 강렬한 그림이 마음까지 물들여요. 아이와 아빠가 주고받는 이야기에는 사랑이 가득하고요. 가을날의 추억이 아름답게 담겨 있는 행복한 책이에요.

가을에 열매 맺는 것은 들판의 생명들만은 아닐 거예요. 아이들도 여름내 부쩍 자라 가을을 맞이하면서 가슴속에 자기만의 열매를 맺는 게 보이거든요. 그 열매를 스스로 거두기도 하고 친구들과 나누기도 하며 가을을 지나면서 또 훌쩍 자라나지요. 우리 아이들이 가을을 맞이하며 그림책을 만나고, 또 그림책을 만나며 가을을 맞이하는 풍성한 시간을 보내면 좋겠습니다.

9월의 그림책

께롱께롱 놀이 노래
편해문 엮음 | 윤정주 그림 |
보리

아주 아주 큰 고구마
아카바 수에키치 글·그림 |
창비

고구마 버스
후지모토 토모히코 글·그림 |
뜨인돌어린이

고구마 방귀 뿡!
나카가와 히로타카 글 |
무라카미 야스나리 그림 |
꿈소담이

솔이의 추석 이야기
이억배 글·그림 |
길벗어린이

**더도 말고 덜도 말고
한가위만 같아라**
김평 글 | 이김천 그림 |
책읽는곰

달이네 추석맞이
선자은 글 | 차정인 그림 |
푸른숲주니어

떡 잔치
강인희 글 | 정대영 그림 |
보림

가을을 만났어요
이미애 글 | 한수임 그림 |
보림

바빠요 바빠
윤구병 글 | 이태수 그림 |
보리

산에 가자
이상권 글 | 한병호 그림 | 보림

아빠, 나한테 물어봐
버나드 와버 글 | 이수지 그림 |
비룡소

134

10월 신나고 즐겁게 만나는
한글 그림책

해마다 10월이면 아이들과 한글날을 뜻깊게 만나는 시간을 마련하고 있어요. 모두 모여 한글을 만든 세종대왕의 마음을 헤아려볼 수 있는 시청각 자료를 보기도 하고, 세계가 인정한 한글의 뛰어난 점에 대해 이야기를 나누기도 하지요. 물론 그림책으로도 한글을 만나요. 우리글, 우리말의 아름다움을 느끼면서 익힐 수 있는 그림책이 아이들 눈높이에 맞춰 참 다양하게 나와 있거든요.

『손으로 몸으로 ㄱㄴㄷ』은 제목처럼 손으로 몸으로 닿소리 글자를 마주하는 시간을 안겨줍니다. 그림책을 펼치고 닿소리 글자를 읽기 시작하면 "자, 따라 해보자" 하지 않아도 아이들이 하나둘 따라 하기 시작합니다. 손가락으로만 닿소리를 만들기도 하고 몸 전체를 움직여 만들기도 하지요. 책에는 없지만 내친김에 홀소리까지 몸으로 표현해볼 수 있어요. 여럿이 함께 글자를 만들어볼 수도 있고요. 요가 동작과 닮은 닿소리 글자를 나란히 배치하고, 그 글자가 들어간 짧은 이야기까지 알차게 담아놓은 『요렇게 해봐요』도 몸으로 한글을 익히는 그림책이에요. 이렇듯 움직이며 또 깔깔깔 웃으면서 신나게 글자들을 만나노라면 이전까지 글자에 별 관심 없던 친구들까지 새삼 흥미를 보이지요.

그림 제공 문학동네어린이(『손으로 몸으로 ㄱㄴㄷ』)

손으로 몸으로 글자를 만났다면 이번에는 소리로 글자를 만나보세요. 『훈민정음 ㄱㄴㄷ』은 본문이 시작되기 전에 이런 말이 나와요.

한글에는 소리가 들어 있어요. 큰 소리로 읽어 보아요.

그 곁에는 나비 두 마리가 있지요. 마치 '자, 지금부터 날 따라와봐'라고 속삭이며 우리를 이끄는 것처럼요. 실제로 나비 두 마리는 본문에 계속해서 나타납니다. 팔랑팔랑 날아가면서요. 나비 따라 책장을 펼치면 우리가 산에서 들에서 마주하는 풀과 꽃을 만나게 됩니다.

이 책은 큰 소리로 따라 읽으면 좋아요. 생김새가 다른 것처럼 닿소리마다 서로 소리가 다르다는 사실을 알게 되지요. 훈민정음 원본을 응용해 만들었다는 『훈민정음 ㄱㄴㄷ』은 닿소리 순서가 여느 'ㄱㄴㄷ' 그림책과 다릅니다. ㄱ 다음에 ㄴ이 나오지 않아요. 창제 원리에 따라 닿소리가 무리 지어 순서대로 등장합니다. ㄱ 다음에 ㄲ, 그다음엔 ㅋ이 나오는 식이지요. 아름다운 꽃들을 보며 큰 소리로 따라 읽는 동안 기획의 원리까지 자연스럽게 마주하는 셈입니다. 홀소리 책 『훈민정음 아야어여』도 짝꿍처럼 같이 나와 있으니 함께 보면 좋아요.

소리 내어 읽는 즐거움은 『소리치자 가나다』에서도 느낄 수 있어요. 아무 의미 없이 "가나다라 마바사~" 하고 노래 부르며 외던 '가나다'를 재미나게 해석하고 표현해놓았거든요. 신나고 즐겁게 소리치며 글자를 통으로 익힐 수 있답니다. 닿소리와 홀소리가 만나 뜻을 가진 글자가 된다는 이야기도 나눌 수 있고요. 다른 그림들을 가지고 아이들과 함께 나만의 '소리치자 가나다' 그림책을 만들어볼 수도 있어요.

이렇게 여러 그림책으로 한글을 재미나게 만나면 아이들은 바깥 놀이를 나가서도 부쩍 글자에 관심을 보입니다. 간판 글자를 가리키기도 하고 거리의 걸개그림에서 아는 글자를 짚기도 해요. 나뭇가지를 들고 달려와 글자를 꼭 닮았다고 말하기도 하고요. 주변 사물에서 숨어 있는 글자를 찾아내고, 아무도 발견 못한 글자를 찾아내서 선생님들을 놀라게 만들기도 하지요. 한글에 눈뜨면서 자연스럽게 생겨나는 이런 이야기들이 요즘에는 소중하게 여겨집니다. 스스로 한글을 알아가는 기쁨을 누릴 때까지 기다려주지 못하는 어른들이 많으니까요.

글자를 알아가면서 이렇게 일상에서 글자를 찾아내는 아이들처럼, 숨은그림찾기로 글자를 익히는 그림책들도 있어요. 자음 숨은그림찾기 그림책『고슴도치야, 무얼 보니?』와 모음 숨은그림찾기 그림책『야금야금 사과』는 그림을 보며 각 자음과 모음이 들어간 이름을 가진 사물들을 찾아내는 방식이에요. 그림 속에선 또 다른 이야기가 전개되고요. 그런가 하면『그림 속 그림찾기 ㄱㄴㄷ』은 동시들을 읽으며 수수께끼 내듯 숨은 그림을 찾게 하면 즐겁게 만날 수 있어요. 아이가 수수께끼처럼 문제를 내고 그림에서 답을 찾는 과정을 즐긴다면 그림 퀴즈로 관찰력과 어휘력을 기를 수 있는『수수께끼 여행』도 좋아할 거예요.

닿소리와 홀소리를 익힌 아이들은 주변 사물에서 해당 소리가 들어간 단어들을 찾아내고 모아 정리하는 작업에 흥미를 보이기 시작하는데, 이럴 때 나만의 'ㄱㄴㄷ' 사전을 만들 수 있어요. 여러 그림책에서 봤듯 해당 자음과 모음이 들어간 단어를 찾고 그림을 그려 넣는 거지요. 어떤 친구들은 이야기를 엮어내기도 한답니다. 이때 이보나 흐미엘레프스카의『생각하는 ㄱㄴㄷ』을 곁에 놓아주면 좋아요. 각 자음마다 뛰어난 상상력으로 풀어낸 독특한 그림들이 모여 있는데, ㄱ이면 가위, 기차, 가시 등 이름에 ㄱ이 들어간 사물들의 그림이 ㄱ 모양으로 형상화되어 있어요. 또 그림마다 이야기를 품고 있어 책 제목처럼 자음 낱자 하나로 다양한 생각을 하며 재미나게 한글을 익힐 수 있어요.

다음 사진은 만 4세 아이들이 『표정으로 배우는 ㄱㄴㄷ』을 만난 후 각자 여러 가지 닿소리 글자를 이용해 만들어본 '표정 속 재미있는 이야기'예요.

만 5세는 자기 이름 글자를 꾸며보기도 하고, 『한글 우리말을 담는 그릇』을 만난 뒤 세종대왕에게 편지를 써보기도 했어요.

놀이하며 배우고 익히는 한글 그림책은 책마다 특성이 또렷해 나이별로 다양하게 만날 수 있답니다. 물론 꼭 한글날이 아니더라도 틈틈이 꾸준히, 무엇보다 즐겁게 볼 수 있겠지요? 『최승호 시인의 말놀이 동시집』(비룡소)으로

재미난 동시도 접하고, 『잘잘잘 123』(사계절), 『최승호·방시혁의 말놀이 동요집』(비룡소)에 실린 신나는 노래도 불러보면서요. 이 밖에도 『맛있는 ㄱㄴㄷ』(길벗어린이), 『동물친구 ㄱㄴㄷ』(웅진주니어), 『요리요리 ㄱㄴㄷ』(책읽는곰), 『개구쟁이 ㄱㄴㄷ』(사계절), 『기차 ㄱㄴㄷ』(비룡소), 『과자 ㄱㄴㄷ』(여우고개), 『고슴도치 ㄱㄴㄷ』(여우고개), 『행복한 ㄱㄴㄷ』(웅진주니어), 『냠냠 한글 가나다』(고인돌) 등이 있어요. 'ㄱㄴㄷ', '가나다' 그림책, 정말 많이 나와 있지요? 기발한 이야기와 상상력이 돋보이는 그림과 더불어 만나는 한글은 아이들이 자연스럽게 글자에 관심 갖는 계기를 마련해줄 거예요. 한꺼번에 만나려 욕심부리지 말고 한 권씩 찬찬히 만나보세요. 한 권 한 권 서로 다른 한글 놀이를 아이들과 실컷 즐기면서요. 이 놀이도 해보고 저 놀이도 해보고, 재미나게 놀면서 그림책을 만나면 한글에 대한 관심과 흥미도 부쩍 자랄 거예요.

마지막으로 당부드릴 얘기가 있어요. 아이들에게 '한글 떼기'를 목표로 그림책을 보여주지는 마세요. 아이 스스로 한글을 배우고 익히는 즐거움을 빼앗지 말고 조금씩 더 기다려주세요. '그림책으로 한글 만나기'는 신나고 즐거운 놀이여야 한다는 점을 꼭 기억해주세요.

10월의 그림책

손으로 몸으로 ㄱㄴㄷ
전금하 지음 | 문학동네어린이

요렇게 해봐요
김시영 글·그림 | 마루벌

훈민정음 ㄱㄴㄷ
훈민정음 아야어여
바람하늘지기 기획 | 노정임 글 | 안경자 그림 | 웃는돌고래

고슴도치야, 무얼 보니?
야금야금 사과
정지영·정혜영 글·그림 | 비룡소

소리치자 가나다
박정선 기획·구성 |
백은희 그림 | 비룡소

그림 속 그림찾기 ㄱㄴㄷ
이상교 동시 |
안윤모 외 그림 | 사계절

수수께끼 여행
이지즈 치히로 글 |
아라이 료지 그림 | 베틀북

생각하는 ㄱㄴㄷ
이지원 기획 |
이보나 흐미엘레프스카 그림 |
논장

표정으로 배우는 ㄱㄴㄷ
솔트앤페퍼 커뮤니케이션
기획·그림 | 애플비

한글 우리말을 담는 그릇
박동화 글 | 정성화 그림 |
책읽는곰

11월 겨울맞이를 준비하는 그림책

매년 11월 무렵이면 금오유치원은 겨울 맞을 채비를 하느라 분주해집니다. 텃밭에서 수확한 콩을 말려두었다가 타작해 좋은 콩을 골라내고, 그 콩을 삶고 짓찧어 메주를 빚거든요. 아이들과 여러 가지 콩을 탐색하고 관찰하며 '콩' 그림책들을 두루 살펴보는 것도 이때지요.

『세 엄마 이야기』에는 콩을 심고 길러 거둔 다음 메주를 빚기까지의 과정이 '세 엄마들'의 이야기와 맛나게 버무려져 있어요. "엄마, 도와줘!" 할 때마다 '엄마의 엄마', 그리고 '엄마의 엄마의 엄마'가 달려와 엄마를 도와주는데 읽는 재미가 쏠쏠해요. 콩을 심어 수확하기까지 힘든 때가 언제인지 또 어떻게 고비를 넘길 수 있는지 지혜를 얻을 수도 있고요. 간결한 선이 살아 있는 그림을 들여다보노라면 자꾸만 웃음이 터집니다. 등장인물들의 표정이 고스란히 전해져서 그림 읽는 재미가 남다르거든요.

그런가 하면 『다 콩이야』는 옛이야기를 닮은 이야기 구조 속에 맛있는 콩 이야기가 구수하게 펼쳐집니다. '째재불 째재불 말 많은 들쥐'와 '콩 할머니'의 대화에 귀 기울이면 콩을 심어 다시 거두기까지 얼마나 많은 정성과 수고가 필요한지 알 수 있어요. 콩에 관한 여러 가지 사실도 배울 수 있고요. 면지 그림부터 본화면이 끝나고 등장하는 부록까지 콩 이야기로 알차게 꾸려져 있으니 아이들과 이야기 나눌 때 활용해보세요.

이 밖에도 『콩』, 『누에콩과 콩알 친구들』(웅진주니어), 콩이 말하는 콩 이야기 『콩콩콩』(내인생의책), '콩 열 알로 콩의 한살이와 스스로 길러 먹는 법을 익히는 옛이야기 형식의' 이야기 『콩, 풋콩, 콩나물』(시금치) 등 다양한 콩 그림책이 있어요. 『콩』은 과학 그림책 시리즈 첫 권답게 콩이 자라나는 과정을 상세히 다루고 있어 관찰 일지를 쓸 때 보여주면 아이들에게 많은 영감을 줄 거예요.

그럼 콩 이야기는 이쯤 하고 메주 빚기 얘기로 넘어가볼까요? 메주 빚는 날은 새벽부터 유치원 마당에 콩 삶는 구수한 냄새가 진동을 한답니다. 콩 삶는 시간이 길기 때문에 이날만큼은 아침 일찍 문을 열고 커다란 솥을 내걸어 부지런히 콩을 삶아요. 그러면 아이들이 유치원에 들어설 때쯤 콩 익는 냄새가 구석구석 퍼지기 시작해 오전 새참 먹을 때쯤 콩이 푹 삶아져요.

콩이 다 삶아지면 아이들은 유치원 마당과 텃밭을 오가며 차례대로 맛을 보는데 "아, 맛있다!" 소리를 연거푸 쏟아내며 더 달라고들 한답니다. 『가을

이네 장 담그기』에 나오는 '가을이'처럼 말이지요. 그러면 선생님들은 "탱글탱글 삶은 콩을 후후 불며" 여러 번 먹는 아이들에게 "너무 많이 먹으면 배탈난다!"고 말리기 바쁩니다. 이 모습도 할머니가 가을이를 말리는 장면과 꼭 닮았어요.

콩을 맛본 다음에는 유치원 마당 모퉁이에 1년 내내 놓여 있던 절구를 꺼내 삶은 콩을 부어 절구질을 합니다. 아이들이 절굿공이를 잡고 콩을 찧기 시작하지요. 달나라 토끼가 된 듯 신나게 절구질하는 것도 잠시, "선생님, 힘들어서 못 하겠어요"라며 울상을 짓는 아이들도 있고, 친구와 사이좋게 제법 그럴듯하게 해내는 아이들도 있어요. 마무리는 힘 좋은 선생님 몫이지요.

이제 남은 일은 찧은 콩을 메주 틀에 눌러 담는 거예요. 깨끗이 씻어 말린 우유갑 틀이나 작은 나무틀로 저마다 정성껏 네모반듯한 메주를 빚기 시작해요. 짓찧은 콩을 여러 번 치대며 메주 빚기에 빠진 아이들을 보면 흐뭇해진답니다. 우리 문화를 온몸으로 느끼고 즐기는 거니까요. 이렇게 메주 빚기 하며 만나면 좋을 그림책으로『가을이네 장 담그기』말고도『메주 꽃이 활짝 피었네』가 있어요. 메주를 다 빚은 다음 읽어주면 직접 메주 빚던 순간들을 떠올리며 이야기꽃을 피울 수 있어 좋답니다.

메주 빚기 못지않게 중요한 겨울맞이가 또 있지요. 김장하기!

해마다 만 3세와 만 4세 아이들은 텃밭에서 무를 뽑아 깍두기를 담그고, 만 5세 아이들은 배추를 수확해 김장을 해요. 고춧가루는 여름내 수확한 빨간 고추를 잘 말려두었다가 방앗간에 가서 빻아 오지요. 방앗간에서 고춧가루가 빻아지는 장면을 본 아이들은 배추에 고춧가루 양념을 버무릴 때 눈빛이 달라져요. 직접 심고 가꾸어 딴 고추를 친구들과 함께 방앗간에 가서 빻아 온 고춧가루니까요. 배추 절이기도 아이들과 함께 해보면 배추가 숨이 죽는 과정을 아이들은 무척 흥미로워합니다. '숨이 죽다'라는 표현에도 관심을 보이고요. 이렇게 김장한 날은 점심 밥상에 삶은 돼지고기 반찬이 올라와요. 갓 담근 김치와 싸 먹으라고요. 그날만큼은 너도나도 맛나게 김치를 먹는 아이들을 만날 수 있어요.

그림 제공 보림(『오늘은 우리 집 김장하는 날』)

이런 날 아이들과 『오늘은 우리 집 김장하는 날』 그림책을 만나요. 김장하는 순서와 방법이 상세하고 재미나게 담겨 있는데, 따라쟁이 생쥐네 덕분에 반복적으로 살펴볼 수 있으니 그 대목에서 아이들에게 일러주듯 목소리를 바꾸고 시선을 달리해보세요. 더욱 맛깔나게 그림책을 만날 수 있을 거예요. 이 밖에 금동이 마음 따라 김장하는 재미를 새롭게 알아가는 『금동이네 김장 잔치』, 이웃 사람들과 함께 김치 담그는 이야기 『우리 집 김장을 부탁해』(시공주니어)와『북적북적 우리 집에 김장하러 오세요』, 김치 담그는 과정을 만화의 한 장면처럼 재미나게 담아 이야기를 잘 버무린『김치 특공대』, 다섯 김치들이 서로 자기가 최고라고 뽐내는『김치가 최고야』, 제목 그대로 김치가 왜 좋은지 알려주는『왜 왜 왜 김치가 좋을까?』(웅진주니어), 실제 이야기를 바탕으로 만든『달려라! 김치 버스』(키즈엠) 같은 그림책들도 볼 수 있게 책꽂이에 나란히 꽂아두면 좋아요. 무 뽑기 전후로는『커다란 순무』를 만나보세요.『커다란 순무』로 아이들과 재미난 극놀이를 한판 벌여도 좋겠지요.

이렇게 겨울날 채비를 마치고 나면, 무 뽑고 배추 뽑고 썰렁해진 텃밭 둘레로 영양 가득한 시래기가 될 무청을 널어둡니다. 고마운 마음으로 텃밭을 둘러보며『할머니 농사일기』도 들춰 보고, 아이들과 더불어 한 해의 흐름을 짚어본답니다.

겨울맞이를 준비하는 그림책과 더불어 아이들과 '기다림'에 대해 생각해 보는 시간을 가지면 좋겠어요. 메주를 빚기까지, 메주 꽃이 피기까지, 깍두기가 익고 김장 김치가 맛 들기까지 모두 기다림이 필요하잖아요. 빠르게 또 바쁘게 흘러가는 시간 속에서 천천히 기다려야 마주할 수 있는 일들도 있다는 중요한 사실을 알게 된다면 좋겠어요.

11월의 그림책

세 엄마 이야기
신혜원 글·그림 | 사계절

다 콩이야
도토리 기획 | 정지윤 그림 |
보리

콩
히라야마 카주코 글·그림 |
한림출판사

가을이네 장 담그기
이규희 글 | 신민재 그림 |
책읽는곰

메주 꽃이 활짝 피었네
이명랑 글 | 신가영 그림 |
책내음

오늘은 우리 집 김장하는 날
채인선 글 | 방정화 그림 |
보림

금동이네 김장 잔치
유타루 글 | 임광희 그림 |
비룡소

**북적북적 우리 집에
김장하러 오세요**
소중애 글 | 정문주 그림 |
푸른숲주니어

김치 특공대
최재숙 글 | 김이조 그림 |
책읽는곰

김치가 최고야
김난지 글 | 최나미 그림 |
천개의바람

커다란 순무
알릭셰이 톨스토이 글·
헬렌 옥슨버리 그림 |
시공주니어

할머니 농사일기
이제호 글·그림 | 소나무

12월 겨울을 따듯하게 보내는 그림책

한 해의 마지막, 12월이네요. 두꺼운 옷을 꺼내 입어야 하는 겨울이고요. 이달에는 동지가 있지요. 동지(冬至)는 글자 그대로 겨울에 이르렀다는 뜻으로 태양이 가장 남쪽으로 기울어져 밤의 길이가 1년 중 가장 긴 날이랍니다. 동짓날에는 팥죽을 쑤어 먹지요? 옛날부터 동지팥죽은 잔병을 없애고 건강해지며 액(厄)을 막을 수 있다고 전해져 이웃 간에 나누어 먹었다고 해요. 그러니 우리 아이들과 동지팥죽을 먹지 않을 수 있나요? 동짓날이 되면 메주 쑬 때 쓰고 넣어둔 가마솥을 다시 꺼내 텃밭 한가운데 걸어놓습니다. 한 솥 가득 팥죽을 팔팔 끓이는 거지요. 그러면 아이들은 찬바람 부는 텃밭에 빙 둘러서서 손 비비고 발 구르며 팥죽을 기다립니다. "언제 팥죽 먹어요?" 자꾸만 물어보는 아이들을 마주하면 그림책『팥죽 할머니와 호랑이』가 떠올라 웃음이 나요.

추운 날, 시린 손에 뜨끈뜨끈한 팥죽 한 그릇을 올려놓고 호호 불며 먹어본 아이들에게「팥죽 할멈과 호랑이」이야기는 특별할 수밖에 없지요. 그래서 이맘때가 되면 여러 출판사에서 나온 책들을 한꺼번에 보여준답니다.

최숙희 작가의『팥죽 할머니와 호랑이』는 호랑이 그림이 인상적이에요. 민화 속 호랑이 모습을 그대로 담아낸 듯 익살스럽고 친근한 느낌이 들거든요. 특히 할머니에게 밭매기 내기를 하자며 달려든 호랑이가 팥밭 세 고랑을 뚝딱 매고 나서 웃는 얼굴은 마치 장난꾸러기 아이 같아서 웃음이 터져요.

백희나 작가가 작업한『팥죽 할멈과 호랑이』는 할머니, 호랑이, 등장하는 사물 등을 한지 인형으로 만들어 느낌이 남다릅니다. 이미『구름빵』을 통해 새로운 그림책의 세계를 보여준 백희나 작가는 여기서도 독특한 방법으로 옛이야기의 세계와 만나게 합니다. 조그마한 얼굴에 어쩌면 그리 섬세한 표정을 담아낼 수 있는지, 감탄이 절로 나는 할머니 한지 인형의 표정부터 한국적인 정서와 멋을 담뿍 담은 먹선의 배경 그림, 빛과 그림자로 생생하게 되살려낸 아궁이가 있는 옛날 부엌의 풍경까지 새로운 방식으로「팥죽 할멈과 호랑이」를 보여주지요.

박경진 작가의『팥죽 할멈과 호랑이』는 세 권 가운데 판형이 가장 큰 그림책이에요. 오랫동안 옛이야기를 다듬어 들려준 서정오 작가의 구수한 입말이 입에 착착 감기지요. 또 서정적인 그림은 시골의 정취와 계절의 변화를 섬세하게 담아내어, 그림책을 한 장 한 장 넘길 때마다 아름다운 풍경화를 마주하는 것만 같아요. 이 그림책을 처음 봤을 때 흥미로웠던 점은 앞뒤 면지 그림이었어요. 면지를 수놓은 그림이 그림자였거든요. 그런데 앞면지 그림자와 뒷면지 그림자가 서로 달라요. 누구 그림자인지, 어떻게 해서 그렇게 변했는지 발견하는 재미가 특별합니다. 아이들과 이 그림책을 볼 때는 면지를 펼쳐 보여주고 "이것은 무엇일까?" 꼭 물어보세요. 그리고 다 보고 나서 앞뒤 면지를 다시 보여주며 이야기를 나눠보세요(1부 '날마다 그림책' 면지이야기 편을 참고하세요). 아이들에게서 재미난 이야기가 많이 나올 거예요.

추운 겨울, 손이 시릴 때 생각나는 게 있다면 뭘까요? 우리 손을 따스하게 감싸주는 '장갑'이지요. 눈 오는 날 숲에서 장갑 한 짝을 떨어뜨렸다면 어떻게 될까요? 그림책『장갑』의 이야기는 그렇게 시작됩니다. 우크라이나 민화인 이 이야기에서는 작은 장갑 한 짝에 먹보 생쥐부터 느림

그림 제공 한림출판사(『장갑』)

보 곰까지 무려 일곱 동물이 들어가요. 그사이 변해가는 장갑의 모습도 신기하고, 장갑 안에서 계속해서 자리를 바꾸는 동물들 모습도 흥미롭습니다. 『장갑』은 서사가 단순하고 이야기가 반복되어 아이들과 동극을 하기에도 좋아요. 등장인물이 여럿이고 소품도 많이 필요하지 않으니까요. 「장갑」이야기를 현대적인 감각으로 재창작한 그림책『빨간 장갑』도 만나보세요. 작은 장갑의 좁은 공간이 상상력으로 확장되어, 커다란 세계를 신나고 즐겁게 경험

할 수 있는 책이거든요. 마찬가지로 이 민화를 새롭게 각색해 독특한 화면 구성으로 또 다른 맛을 느끼게 하는 그림책, 『털장갑』도 있어요. 나란히 살펴보면서 비교해보는 재미도 쏠쏠하답니다.

12월에 아이들이 손꼽아 기다리는 날은 뭐니 뭐니 해도 크리스마스일 거예요. 언제부턴가 크리스마스는 산타 할아버지에게 선물 받는 날로 알고 있는 우리 아이들에게 성탄절의 진정한 의미를 헤아려보게 하는 시간을 마련하면 어떨까요? 주변의 어려운 사람들을 돌아보고 우리가 함께 도와줄 수 있는 일들은 무엇이 있을지 생각해보는 거예요. 『크리스마스의 기적』, 『작은 기적』은 그런 시간을 불러오기에 좋은 그림책이지요. 『크리스마스의 기적』은 형편이 어려워진 가족이 맞는 크리스마스의 기적을 아이의 마음에서 불러오고 있어요. 반면 글 없는 그림책 『작은 기적』은 어려움에 빠진 가난하고 외로운 할머니가 살아 움직이는 성상들(성모마리아, 아기 예수, 동방박사들) 덕분에 '기적'처럼 맞이하는 크리스마스를 보여줍니다. 글이 없지만 그림 속 이야기를 따라가다 보면 크리스마스의 의미를 되새길 수 있어요. 친구들과 그림을 보며 '기적'처럼 일어난 일에 대해 이야기해보면 뜻깊은 시간이 될 거예요.

또 크리스마스의 의미에 대해 생각해볼 수 있는 그림책으로 『메리 크리스마스, 늑대 아저씨!』, 『커다란 크리스마스트리가 있었는데』가 있습니다. 함께 살펴볼 수 있게 읽어주고 내주면 좋아요. 『커다란 크리스마스트리가 있었는데』의 이야기는 윌로비 씨 집에 아주 커다란 크리스마스트

그림 제공 길벗어린이
(『커다란 크리스마스트리가 있었는데』)

리가 배달되면서 시작됩니다. 윌로비 씨는 키가 너무 크다고 나무 꼭대기를 뎅겅 잘라버려요. 그러자 백스터 집사는 버려진 나무 꼭대기를 2층에서 일하는 애들레이드 양에게 선물해요. 애들레이드 양도 나무가 커서 뎅강 잘라내 버리는데, 이걸 정원사 팀 아저씨가 주워 가고 아주머니가 다시 썩둑 잘라버리지요. 이걸 아빠 곰이 가져가고 엄마 곰이 싹둑, 다시 아빠 여우가 주워 가고 엄마 여우가 싹둑, 또 이걸 아빠 토끼가 가져가고 엄마 토끼가 꼭대기를 톡 쳐서…… 휙! 마지막으로 아빠 생쥐가 겨우겨우 가져가고 생쥐 가족은 나무 꼭대기에 샛노란 치즈 별을 달아요. 결국 모두모두 근사한 크리스마스트리로 행복한 성탄절을 맞았다는 이야기인데, 놀라운 건 생쥐 가족이 살고 있는 곳이 바로 윌로비 씨네 집이라는 사실이지요. 마지막 장면이 크리스마스 기적처럼 멋진 책이에요.

필요한 만큼만 가진 다음 나누고 나누고 또 나눌 수 있는 것은 크리스마스트리 꼭대기 말고도 있을 거예요. 나눌 수 있는 것들을 나누고 나누면 더불어 기쁜 날을 만들어갈 수 있다고 이야기 나누어도 좋겠지요.

겨울엔 아무래도 따뜻한 것을 찾게 돼요. 온기가 있는 방바닥, 따끈한 차와 김이 나는 국물……. 그 가운데서도 아이들이 무엇보다 좋아하는 건 엄마, 아빠의 따뜻하고 넉넉한 품 아닐까요? 겨울밤엔 품에 아이들을 꼭 껴안고 따뜻한 마음이 담긴 그림책들을 소리 내어 읽어주세요. 그 시간들이 긴긴 겨울을 거뜬히 날 수 있게 도와줄 테니까요. 부디, 삶의 겨울마저 이겨낼 큰 힘이 되어주길!

12월의 그림책

팥죽 할머니와 호랑이
조대인 글 | 최숙희 그림 | 보림

팥죽 할멈과 호랑이
박윤규 글 | 백희나 그림 |
시공주니어

팥죽 할멈과 호랑이
서정오 글 | 박경진 그림 | 보리

장갑
우크라이나 민화 |
에우게니 M. 라쵸프 그림 |
한림출판사

빨간 장갑
짐 아일스워스 글 | 바바라 매
클린톡 그림 | 베틀북

털장갑
잰 브렛 글·그림 |
문학동네어린이

크리스마스의 기적
천 츠위엔 글·그림 | 미래아이

작은 기적
피터 콜링턴 그림 |
문학동네어린이

메리 크리스마스, 늑대 아저씨!
미야니시 타츠야 글·그림 |
시공주니어

**커다란 크리스마스트리가
있었는데**
로버트 배리 글·그림 |
길벗어린이

3부

신나는 그림책 놀이터
- 책 읽는 유치원 이야기

신나는 그림책 놀이터, 어떻게 만드냐고요?

좋은 그림책과 함께라면 어렵지 않게 만들 수 있어요. 물론, 날마다 달마다 그림책을 만나며 그림책의 매력에 푹 빠진 이들이 있어야 하지요. 그림책과 함께하는 시간과 공간에도 마음을 써야 하고요. 한 걸음 두 걸음 내디디며 만들어나간 길, 지금부터 보여드리려고 합니다. 부족한 점들도 많지만 신나는 그림책 놀이터를 꿈꾸는 분들에게 보탬이 된다면 좋겠습니다. '신나는 그림책 놀이터'로 변신한 책 읽는 유치원 이야기, 마음 열고 만나보세요!

소중한 씨앗, 책방을 열며

『앤서니 브라운의 행복한 미술관』(웅진주니어)에서 그림책 속 작가는 어린 시절 가족과 함께 미술관을 구경하며 서로 따뜻한 마음을 나눈 경험을 이야기합니다. 그리고 그날 어머니가 가르쳐준 '그림 놀이(Shape Game)'에 빠져 지금까지 줄곧 그림을 그리고 있다고 말해요. 때로는 우연히 찾아온 특별한 경험 한 자락이 미래를 결정짓는 열쇠가 되기도 하지요.

유치원 운영 초창기, 재잘거리는 아이들 앞에서 무턱대고 그림책을 펼쳤어요.

"옛날에 게으른 아이가 살았어."

용감했던 마음은 떨리는 목소리로 쪼그라들고, 이야기는 이미 시작되었지만 아이들은 여전히 웅성거렸지요.

"어찌나 게으른지 아랫목에서 밥 먹고 윗목에서 똥 싸고……"(『줄줄이 꿴 호랑이』, 사계절).

근데 이야기가 깊어지면서 아이들 숨소리가 잦아들었어요. 눈망울을 반짝이며 점점 앞으로 바짝 다가앉더니, 어느 순간 아이들이 그림책에 빠져들어 교실이 고요해졌어요. 기쁘고 가슴 벅찼습니다. 그리고 그때 생각했습니다. 아이들이 그림책과 즐겁게 만나 오래도록 책과 함께하는 행복한 인연을 맺으면 좋겠다고 말이지요.

그런 마음으로 2006년 가을, 금오유치원 내 볕이 잘 드는 공간에 '금오어

린이책방'을 열었어요. 교실과 교실 사이 복도 한편, 책 표지가 잘 보이게 짠 책꽂이에 좋은 그림책을 고르고 골라 꽂아뒀어요. 그러곤 광목천으로 덮어뒀 지요. 아이들에게 책방을 처음 선보이던 날, 모두 함께 "10, 9, 8, 7……" 숫 자를 헤아리며 천을 열어젖힌 기억이 생생해요.

그 작은 책방 공간은 행복한 독서 교육의 소중한 씨앗이 되었어요. 책방을 열면서 좋은 그림책들로 책장을 채우기 시작했고, 좋은 그림책들을 교실마다 나누었거든요. 날마다 펼친 '10분 아침독서' 시간이 독서교육의 뿌리가 되 고, 선생님들이 그림책을 재미나게 읽어주고 들려주는 시간이 줄기가 되었어 요. 또 다양한 독후활동으로 가지를 뻗고 수많은 이파리를 펼쳤으며, 아이들 이 직접 그림책을 만들면서 이야기꽃도 피웠어요. 학부모 그림책 공부 모임 이 생기고, 더 나아가 동네 이웃들과 함께하는 책잔치까지 벌였답니다.

그럼 지금부터 작은 책방으로 시작해 그림책이랑 신나게 놀며 행복하게 성장해온 책 읽는 유치원 이야기를 들려드릴게요. 아이, 교사, 부모, 나아가 지역사회와 함께하는 그림책 교육 이야기, 마음 열고 만나보세요.

얘들아, 그림책이랑 놀자!

날마다 만나요 – 자유롭게 골라 보는 10분 아침독서

2009년부터 아침독서를 시작했어요. '모두 읽어요, 날마다 읽어요, 좋아하는 책을 읽어요, 그냥 읽기만 해요'라는 아침독서운동의 4원칙 아래 특별한 일이 없는 한 매일 아침 10분 동안 그림책과 만났지요. 여러 해 동안 실천해보니 정말 훌륭한 독서교육법이란 생각이 들어요. 그래서 독서교육을 잘하는 방법을 추천해달라고 할 때마다 주저 없이 "날마다 그림책과 만나는 시간 갖기!"라고 말한답니다.

10분 아침독서는 방법이 간단해서 누구나 쉽게 할 수 있어요. 시간이 짧기 때문에 다른 교육과정을 방해하지도 않고 별도의 비용이 들지도 않아요. 10분 정도 날마다 책을 읽는 일은 별것 아닌 듯하지만 꾸준히 하다 보면 효과를 실감할 수 있어요. 무엇보다 책 읽는 습관을 형성하는 기본 바탕이 되고, 매일 그림책과 만나며 일과를 시작한 아이들은 점차 책에 대한 기호가 생기면서 부모님이 아니라 자신이 좋아하는 책의 종류를 알게 된답니다.

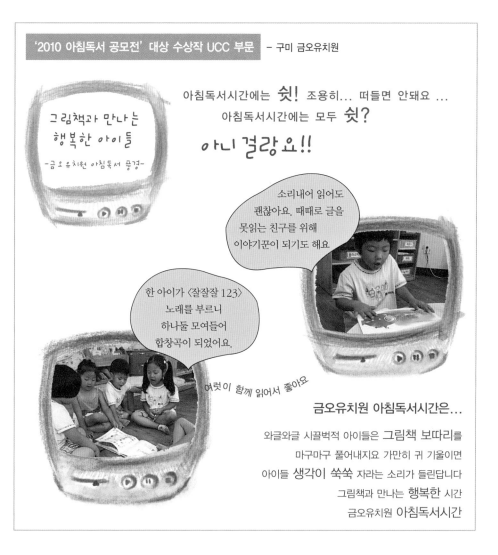

'2010 아침독서 공모전' 대상 수상작 UCC 부문 — 구미 금오유치원

그림책과 만나는
행복한 아이들
-금오유치원 아침독서 풍경-

아침독서시간에는 쉿! 조용히... 떠들면 안돼요 ...
아침독서시간에는 모두 쉿?
아니 걸랑요!!

소리내어 읽어도
괜찮아요. 때때로 글을
못읽는 친구를 위해
이야기꾼이 되기도 해요

한 아이가 〈잘잘잘 123〉
노래를 부르니
하나둘 모여들어
합창곡이 되었어요.

여럿이 함께 읽어서 좋아요

금오유치원 아침독서시간은...

와글와글 시끌벅적 아이들은 그림책 보따리를
마구마구 풀어내지요 가만히 귀 기울이면
아이들 생각이 쑥쑥 자라는 소리가 들린답니다
그림책과 만나는 행복한 시간
금오유치원 아침독서시간

아침독서를 할 때나 자유 선택 활동을 할 때 아이들이 쉽게 그림책을 만나게 하려면 눈높이에 맞는 책꽂이 구성에 신경 써야 해요. 그리고 책을 고를 자유만큼 보는 방식도 자유롭게 해주세요. 앉아서도 읽고 엎드려서도 읽고, 혼자서도 읽고 여럿이 짝지어서도 읽을 수 있어요. 이 시기 아이들에게 독서 교육의 핵심 과제는 '책과 친해지기'와 '즐겁게 책 읽기'니까요.

의욕적으로 아침독서를 진행했는데, 몇 달이 지나도 책 읽는 아이들은 몇 안 되고 어수선한 분위기가 이어진다면 '뭔가 잘못하고 있는 건가?' 하고 고민이 깊어지지요. 이럴 때 무엇보다 필요한 건 '기다려주기'예요. 지금은 책 읽는 시간임을 분명히 알려주면서, 친구들을 방해하지 않는 범위에서 다른 활동을 할 수 있게 해주세요. 그러다 보면 어느 날 갑자기 조용히 앉아 책을 읽는 아이를 만날 수도 있어요. 실제로 만 3세 반 아이들은 봄, 여름 내내 딴

그림 제공 양철북(『진정한 일곱 살』)

짓하고 놀면서 독서시간을 허비하다가 가을이 깊어질 무렵부터 책 읽는 분위기가 잡히곤 한답니다.

그림책『진정한 일곱 살』에 나오는 이야기를 빌려 이렇게 말씀드리고 싶어요.

매일 10분 아침독서, 말이 쉽지 실천하기는 쉽지 않아요. 그래도 괜찮아요!
한두 달이 지나도록 어수선해도 괜찮아요! 다음 학기엔 좋아지겠지요.
아니면 내년엔 더 나은 책 읽는 분위기가 될 거예요.
유치원을 졸업할 때까지 책 읽기를 힘들어하면 초등학교에 들어가서라도 책을 좋아하는 아이로 자라면 되니까요.

더불어 만나요 – 그림책 나눠 보기

그림책과 행복한 만남이 이루어지는 첫째 조건은 좋은 그림책을 마련하는 거예요. 이를 위해 금오유치원에서는 좋은 그림책 정보가 담긴 책들을 정기적으로 읽고 각 출판사가 발행하는 도서 안내서도 챙겨 보며 도서 목록을 마련해요. 이때 도움이 되는 매체로는「월간그림책」과「열린어린이」,「동화읽는어른」등이 있어요. 주목할 만한 신간 그림책이나 담임선생님들이 아이들과 함께 보고 싶다고 요청한 그림책은 대부분 구입하는 편이에요.

그리고 지역 내 공립도서관과 연계 차원에서 순회도서제도를 신청해 매달 100여 권의 도서관 그림책을 빌려 보고 있어요. 이 제도를 잘 활용하면 원내에 그림책이 부족하거나 특정 주제에 대한 프로젝트 활동을 진행할 때 무척 유용해요. 아울러 도서관 사서가 고른 그림책이라 수준도 보장되지요. 단,

분실이나 훼손에 특별히 주의해야 해요.

이와는 별도로 운영 초기에는 매년 3월 새 학기가 시작될 때 아이마다 그림책 한 권을 가져오게 해서 함께 나눠 본 후 이듬해 2월에 되돌려주는 제도를 운영했어요. 책방에 이미 좋은 그림책이 많음에도 굳이 책을 가져오라고 한 까닭은 아이들에게 책을 소중히 여기는 마음과 공동의 책임감을 길러주기 위해서였어요. 자신과 친구들이 가져온 책이니 함께 나눠 읽고 1년 후 집에 가져갈 때 훼손되지 않은 책을 만날 수 있게 하자고 여러 번 이야기했지요. 또한 부모님들에게는 아이와 더불어 그림책 고르는 경험을 통해 그림책에 대해 한 번 더 생각해볼 기회가 되고요. 이때 가져온 책 면지에는 이런 메모를 한 장씩 붙이게 했어요.

> 이 책은 우리 아빠가 내 생일 때 선물한 책이야. 아빠가 이 책을 읽어줄 때 나는 가장 행복해. 그렇지만 친구들이랑 함께 읽고 싶어서 가져온 거니까 소중히 다뤄야 해. 알겠지? - ○○반 ☆☆이가

유치원에 가져오는 책을 고르는 데는 유치원에서 만든 나이별 추천도서 목록을 참고하게 했어요. 주로 1~2년 안에 나온 신간 그림책 위주로 작성했는데, 부모님과 아이가 서점에 들러 새로 나온 그림책을 직접 사보는 경험을 할 수 있게 안내드리곤 했지요. 그런데 아차차, 추천도서 목록이 대부분 신간이다 보니 초기에는 서점에 가도 사고 싶은 그림책이 없는 일이 발생했어요. 그래서 이후로는 미리 동네 서점과 시내 대형서점에 목록을 제공해 그림책을

준비할 수 있게 협조를 구했답니다.

1년 후 그림책을 되돌려줄 때는 기증 신청을 받기도 했는데 책 읽는 즐거움을 함께 나누려는 마음으로 기증하는 가족이 많았어요. 기증 신청서와 기증서를 집으로 보내 아이와 부모님이 직접 서명해서 책에 붙이게 하니 기증의 의미가 더 분명해져서 좋다고들 했답니다. 이 제도는 장점이 참 많았지만, 도서 관리 프로그램을 사용하게 되면서 대출 과정에서 책이 뒤섞여버리는 문제가 생겼어요. 그래서 지금은 원 전체적으로 적용하지는 못하고, 대신에 반별 학급문고를 운영할 때 적절히 활용하고 있습니다.

이렇게 책방이 아이들이 가져온 그림책들로 새롭게 채워지면 선생님들은

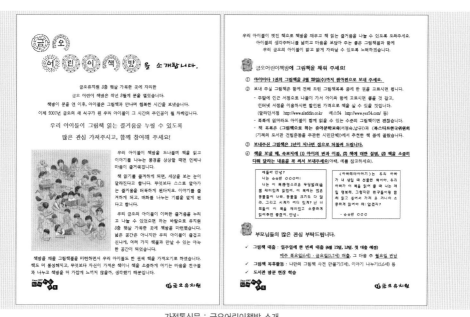

가정통신문 : 금오어린이책방 소개

마음이 바빠져요. 표지에 책방 딱지를 붙여야 하기 때문이에요. 노란색은 유치원에서 마련한 책, 초록색은 아이들이 가져온 책, 파란색은 교사용 그림책이지요. 그리고 뒷면지에는 누가 이 책을 읽었는지 알려주는 '나도 이 책을 읽었어!' 종이도 붙여요. 그다음 앞면지 귀퉁이에 유치원 책방 도장을 꾹 눌러 찍어주면 비로소 '대출 준비'가 끝나요.

그림책 대출을 하기 전에 선생님들은 가장 매력적으로 보이는 그림책(팝업북, 병풍책, 모빌책 등)으로 아이들 마음을 사로잡아요. 또 1부 '날마다 그림책'에서 살펴본 그림책의 구성, 즉 표지, 책등, 면지, 제목화면, 본화면 등을 살피게 하고 책방의 그림책들을 둘러보게 해서 아이들의 흥미를 돋우지요. 그림책 부모 교육이 이루어지는 시기도 이즈음이에요. 그리고 4월 초부터 본격적으로 그림책 대출 활동이 시작돼요. 일주일에 한 번씩 나이별로 날짜를 달리해서 책을 빌리게 하지요.

처음엔 무슨 책을 골라야 할지 몰라 머뭇거리는 아이들도 많아요. 이럴 땐 추천 그림책을 눈에 잘 띄는 곳에 따로 둬서 도움을 주기도 해요. 하지만 몇 주가 지나면 금세 자기가 읽을 책을 골라 집어요. 만 5세 반 아이들은 친구에게 권하기도 하고 같은 책을 서로 빌려 가겠다며 다투기도 해요. 책방을 나이 구분 없이 함께 사용하기 때문에, 때때로 만 3세 아이가 글이 아주 많은 책을 빌리는 등 때론 나이에 어울리지 않는 책을 고르기도 해요. 그래도 괜찮아요. 그림책은 아이가 읽는 것이 아니라 부모가 들려주는 것이니까요. 대신 아이가 직접 책을 고르는 일이 독서교육의 한 부분이란 사실을 부모님에게 알려줘요. 이런저런 시행착오를 겪으면서 아이들은 점차 자신에게 맞는 그림책을 고르게 되고, 이 과정에서 그림책에 대한 안목을 키우게 된다고 덧붙여 말씀드려요. 이런 과정도 아주 중요하답니다.

이렇게 그림책을 빌려 가는 일이 익숙해지면 만 4세 2학기부터 '그림책이랑 놀자'라는 독후활동을 해요. 독후활동이 잘 이루어지면 아이의 생각 주머니가 깊어지면서 책 읽기에 더욱 몰입하게 되는 긍정적인 효과가 있어요. 간접적으로는 아이가 그림책을 얼마나 이해하고 있는지 가늠해볼 도구가 되지요. 그렇지만 독후활동을 지나치게 강조하면 '책 읽기=공부'라고 인식해 오히려 책을 멀리할 수도 있어요. 이런 까닭에 만 3세는 쓰고 그리는 방식의 독후활동은 아예 하지 않아요. 만 4세도 1학기에는 그림책 대출만 하고 2학기부터 독후활동을 진행해요. 이렇게 자란 만 5세 아이들은 독후활동에 익숙해져서 1학기부터 다양한 방법의 독후활동을 즐기지요. 아이들이 읽는 그림책의 형식과 내용이 워낙 다양해서 임의로 정하면 책과 맞지 않는 경우가 생기기 때문에, 독후활동 내용은 여러 예시 중에 원하는 것을 선택해서 할 수 있게 해요. 이 이야기는 1부 '날마다 그림책' 독후 활동 이야기 편에 자세히 나온답니다.

특별한 날 만나요 - 생일그림책

생일은 아이가 세상에 태어난 것을 다 함께 환영해주는 특별한 의미가 담긴 날이에요. 어린이집과 유치원마다 아이들의 생일잔치를 다양하게 진행하고 있을 거예요. 금오유치원에서 생일을 맞은 아이는 부모님이 만들어준 생일 사진첩을 들고와 자기가 성장한 이야기를 들려줘요. 친구들에게 카드와 함께 축하 노래나 공연을 선물 받고, 유치원에서 준비한 미역국 생일상도 받아요. 그리고 또 하나의 특별한 선물은 '원장님이 그림책을 읽어주는 시간'이지요. 들려주는 생일그림책은 나이마다 다르게 골라요. 만 3세에게는 재미있고 흥미로운 그림책을, 만 4세에게는 창작 그림책을, 만 5세에게는 옛이야기 그림책을 주로 들려줘요.

생일잔치 날 읽어준 그림책 목록

■ 만 3세 : 『화가 둥! 둥! 둥!』(시공주니어), 『대단해 대단해!』(뜨인돌어린이), 『앗! 따끔!』(시공주니어), 『토끼의 의자』(북뱅크), 『누구 그림자일까?』(보림)

■ 만 4세 : 『장수탕 선녀님』(책읽는곰), 『하지 마 형제』(문학동네어린이), 『휘파람을 불어요』(시공주니어), 『야, 우리 기차에서 내려!』(비룡소), 『휘리리후 휘리리후』(웅진주니어)

■ 만 5세 : 『해와 달이 된 오누이』(사계절), 『반쪽이』(보림), 『장수되는 물』(사파리), 『아기장수 우투리』(보리), 『김수한무 거북이와 두루미 삼천갑자 동방삭』(비룡소), 『팥죽할멈과 호랑이』(시공주니어)

또한 2부 '달마다 그림책' 5월 편에서 살펴보았듯 생일을 맞은 아이에게는 그림책을 선물해요. 이때 생일그림책 앞면지에는 각 그림책을 어떻게 읽어주면 좋은지 부모님에게 드리는 편지글을 적어 붙여놓는답니다.

다양하게 만나요 – 문화 예술로 만나는 그림책

좋은 문화 예술 공연으로 접하는 그림책은 특별해요. 다양한 매체로 만나는 그림책 이야기는 아이들에게 잊지 못할 감동과 여운을 안겨줘요. 이런 까닭에 금오유치원에서는 가까운 곳에서 그림책을 바탕으로 만든 영화나 뮤지컬, 연극 공연을 볼 수 있는 기회가 생기면 놓치지 않고 꼭 챙겨 봐요. 또 '영화랑 놀자' 자리를 마련해서 〈강아지똥〉과 〈엄마까투리〉처럼 그림책을 원작으로 만든 애니메이션을 보여 주기도 해요.

아이들이 직접 동극을 만들기도 해요. 형님 반이 만든 공연을 동생 반 아이들이 보게 되면 그림책에 대한 흥미가 높아져요. 직접 대본을 쓰고 무대 소품을 제작해 동극을 만드는 동안 아이들은 그림책과 더 깊이, 다양하게 만나게 되지요. 무엇보다 공연 경험은 아이들 가슴에 특별한 흔적을 남겨요.

동극 〈야, 우리 기차에서 내려!〉

동극 〈아기 돼지 삼 형제〉

교사가 직접 만들고 준비해 보여주는 극놀이도 빼놓을 수 없어요. 『개구리네 한솥밥』(길벗어린이)으로 교사들이 그림자극을 준비해 보여줬을 때나 『화가 난 수박 씨앗』(한림출판사)을 동극으로 꾸며 마지막 장면에 숨겨둔 수박이 주렁주렁 달려 나왔을 때, 아이들이 얼마나 놀라고 신기해했는지 몰라요. 그런 아이들 표정을 보며 극놀이의 경험, 특히 그림책 세계와 관련된 다양한 극놀이 경험이 아이들에게 소중한 예술 체험이 되겠구나 생각했어요. 예술 공연을 접하기 어려운 아이들이 다양하고 색다른 방식으로 그림책과 만나는 경험을 많이 누리면 좋겠어요.

깊이 있게 만나요 – 문학적 접근법에 따른 프로젝트 활동

문학적 접근법에 따른 프로젝트 활동(그림책 프로젝트)은 아이들에게 한 권의 그림책, 한 작가의 여러 그림책, 공통된 주제나 이야기를 가진 그림책들을 깊이 있게 만날 수 있게 하지요. 그림책 프로젝트에서 가능한 활동으로는 경험 나누기, 등장인물 탐구, 그림책 분석, 비슷한 그림책 찾기, 단어 가지 펼치기, 공통점과 차이점 찾기, 뒷이야기 만들기, 이야기 순서 바꾸기, 음악·미술·놀이 활동으로 연계하기, 작가에게 편지 쓰기, 동시 짓기, 북아트, 동극 혹은 극놀이 등이 있어요. 그림책이 폭넓고 깊은 교육 활동을 위한 매개체 역할을 하는 셈이에요.

그림책을 깊이 있게 탐구하는 일은 무척이나 재미있고 흥미로워요. 하지만 매달 그림책 프로젝트 활동을 하면 아이들에게 부담이 될 수 있어요. 과식을 하면 배가 아프잖아요. 정해둔 스케줄에 딱딱 맞춰 그림책을 탐구하기보다는 아이들에게서 흥미와 기운이 샘솟을 때 가끔씩 진행하는 것이 더 좋다고 생각해요. 원에서 그림책 프로젝트로 즐겁게 만난 책들로는 『무지개 물고기』(시공주니어), 『누가 내 머리에 똥 쌌어?』

바느질로 만든 천 북아트 '준치 가시'

(사계절), 『우리 엄마』(웅진주니어), 『준치 가시』(창비), 『지하 100층짜리 집』 (북뱅크), 「아기 돼지 삼 형제」 이야기, 「호랑이」 이야기 등이 있어요.

　누리과정에서 그림책은 의사소통 영역에 주로 언급되지만 그 밖에도 사회관계, 예술경험, 자연탐구, 신체운동·건강 영역 등 대부분의 영역에서 다양하게 활용할 수 있어요. 하지만 그림책이 여러 교육과정을 풀어내는 좋은 도구가 될 순 있지만, 그보다 먼저 문학작품이라는 사실을 잊지 않으면 좋겠어요. 예를 들어, 『야, 우리 기차에서 내려!』(비룡소)는 작가가 브라질의 환경운동가 치코 멘데스를 기려 만든 그림책으로, 등장인물로 나오는 코끼리, 물개, 호랑이가 왜 더 이상 자기 고향에서 살 수 없는지 설명하는 장면이 반복해서 나오죠. 따라서 환경보호의 중요성을 이야기 나누는 교재처럼 다룰 수 있어요. 다른 한편으로 "야, 우리 기차에서 내려!"라고 반복되는 말의 묘미를 살려 '기차놀이' 동극 대본으로도 활용할 수 있지요. 그렇지만 이러한 교육활동 이전에 아이들에게 그림책 그 자체를 온전히 만나게 해주면 좋겠습니다. 그래야 주인공 아이가 여러 동물 친구들과 함께 기차를 타고 환상의 세계로 모험을 떠나는 이 책의 묘미를 맛볼 수 있을 테니까요.

선생님, 그림책이랑 놀아요!

교육 현장에서 불꽃이 일 때는 선생님과 아이 사이에 의미 있는 만남이 이루어지는 순간이라고 생각해요. 그런 만남에는 그림책, 노래, 그림, 놀이, 자연 등 아이들과 선생님을 이어주는 매개체가 등장하지요. 아이들과의 일상적인 만남에서 의미 있는 순간들을 많이 일으키려면 좋은 매개체를 고르고 활용할 수 있어야 해요. 그림책으로 아이들과 만날 때도 아이들에게 좋은 그림책을 매력적으로 소개하고 깊이 있게 안내해야 의미 있는 만남의 순간을 남길 수 있지요. 한마디로 선생님의 문학적 안목이 중요해요.

예를 들어볼까요? 「반쪽이」라는 옛이야기는 장애를 가지고 태어난 아이가 장애를 극복하고 성장하는 이야기예요. 아이들은 의외로 반쪽이에게 쉽게 감정이입을 하는데, 아마도 누구에게나 부족한 부분이 있다는 사실을 직관적으로 알기 때문이 아닐까 싶어요. 그런데 어떤 그림책에서는 이야기 마지막에 반쪽이가 짠! 하고 멋진 사내로 변신해, 자기는 본디 하늘 사람이었는데 죄를 지어 마법에 걸려 반쪽이로 살다가 이제 진정한 사랑을 맺어 다시 온쪽이가 되었다고 말해요. 얼핏 해피엔딩처럼 보이지만, 그건 이제껏 반쪽이가 부족한 자신을 이겨내면서 살아온 삶이 부정되는 뻥쟁이 이야기가 되는 거예요.

만약 선생님이 문학적 안목이 부족하다면 이런 이야기를 솎아내지 못한 채 아이들에게 고스란히 전할 거예요. 유치원에서 교사 교육에 힘쓰는 까닭이 여기에 있어요. 특히 아이들을 위한 교육에만 머물지 않고 선생님 스스로 그림책의 매력에 푹 빠져 그림책을 즐기는 것이 중요해요. 실제로 선생님들이 그림책을 만나는 과정은 아이들과 크게 다르지 않답니다.

해마다 입학식 전에 교직원들이 모여 시무식을 해요. 이날 한 해 유치원 교육의 첫 문을 여는 열쇠도 바로 그림책이에요. 예컨대 『까마귀 소년』(비룡소), 『점』(문학동네어린이), 『틀려도 괜찮아』(토토북), 『문제가 생겼어요!』(논장) 등은 교사로서 아이들을 돌보고 가르치는 마음을 돌아보게 해주는 소중한 그림책들이지요.

또 새 학기에 열리는 그림책 부모 교육 강연을 준비할 때도 교사교육을 함께 진행해요. 그림책 출판의 최근 동향과 특성을 살펴본 후, 신간 그림책들을 펼쳐놓고 각자 마음에 드는 그림책을 골라서 읽어보고 감상을 나눠요. 해당 그림책을 어떻게 교육과정에 적용할 수 있을지 토의도 해요. 이 과정은 매주 교사협의회나 원내 자율장학을 통해 학기 내내 수시로 이어져요. 또 그림책

교사 회의 시간에 그림책을 감상하고 토의하는 모습

특강이나 그림책 문학학회에 참여해 깊이 공부하기도 한답니다.

다음은 그렇게 그림책을 만나는 선생님들의 목소리예요.

♣ 그림책 프로젝트 연수를 가서 깜짝 놀랐지만 은근히 자랑스러웠어요. 강사님이 신간 그림책이라면서 소개해주시는데, 다~ 우리 유치원 책방에 있는 그림책이었거든요.

♣ 처음으로 그림책에 면지가 있음을, 면지에 담긴 의미를 알게 되었어요. 이제는 그림책을 보면 꼭 면지에 눈이 갑니다. 특별한 의미가 담긴 면지가 있을 때는 아이들에게 잊지 않고 소개하지요.

♣ 아침독서 시간, 아이들 못지않게 저에게도 소중한, 그림책 읽는 시간이 되었답니다.

♣ 처음에는 그림책을 아이들이 읽는 책이라며 대수롭지 않게 생각했는데 차츰 그림책의 매력에 빠져드는 제 모습을 봤어요. 그리고 얼마 전에는 친한 친구에게 그림책을 선물했어요.

최근 유아교육 현장에는 그림책에 관한 특별한 감성을 지닌 선생님들이 등장하고 있어요. 어린 시절 부모님과 함께 그림책을 보며 자란 아이들이 어느덧 선생님이 되었어요. 어린 시절 본 그림책을 어른이 되어 다시 읽는 기분은 어떨까요? 그때 어렴풋이 느낀 좋은 감정을 아이들과 교감할 때 어떤 느낌이 들까요? 분명히 이전 세대와는 다르겠지요? 새로운 감성으로 아이들과 그림책을 이어줄 선생님들을 기대하며 응원하고 싶습니다.

엄마 아빠, 그림책이랑 놀아요!

부모가 행복해야 아이들도 행복하게 자란다고 하지요. 아이들이 무언가 재미있게 즐기길 바란다면, 부모님이 그것을 좋아하면 손쉬워요. 그림책 읽기도 마찬가지예요. 엄마와 아빠가 그림책을 얼마나 좋아하고 어떻게 읽어주느냐에 따라 아이들 반응이 달라진답니다.

그래서 해마다 아이들이 그림책을 대출하기 바로 전(3월 말~4월 초)에 '행복한 그림책 육아법'이라는 주제로 그림책 부모교육을 열고 있어요. 무엇보다 부모님들이 그림책의 매력에 푹 빠져들 수 있게 신경을 많이 쓰지요. 그림책의 구성을 알려주면서 면지의 존재에 눈뜨게 도와줍니다. 때론 팝업북 같은 특별한 그림책을 보여주면서 눈길을 사로잡지요. 특히 새로 나온 좋은 그림책을 많이 소개해주고 들려줘요. 이렇게 그림책에 대한 눈과 귀가 열리면, 자녀와 즐겁게 그림책을 만날 준비가 된 셈이에요. 마지막으로 자녀들에게 그림책 읽어주는 방법들을 전해드립니다.

부모교육 강연이 끝나면 강연 내용을 바탕으로 부모님이 직접 그림책을 골라보게 하고, 자녀와 잘 맞을 것 같은 그림책을 골라서 아이들보다 대출을 먼저 할 수 있게 해요. 마지막으로는 서로 고른 대출 그림책에 대해 간단히 이야기를 나누고 궁금한 점이나 알고 싶었던 점을 자유롭게 이야기 나누는 시간을 가진답니다. 참여하지 못한 부모님을 위해서는 부모교육 자료집을 통해 관련 내용을 전해드립니다.

이렇게 부모님과 그림책으로 마음의 문을 열면, 실제로 그림책을 대출해서 가정에서 만날 때 부모님과 아이가 교감하는 데 크게 도움이 돼요.

그림책 부모교육이 대규모 강연 형식이라면 그림책 공부 모임은 소규모 워크숍 형태로 진행해요. 그림책 공부 모임은 책잔치 때 아이들을 위한 공연을 준비한 엄마극단 모임이 발단이 되었어요. 극 공연 준비 모임을 하면서 자연스레 그림책에 관심이 높아져 책 모임으로 이어가려는 의욕을 보였어요. 그래서 일주일에 한 번씩 6주에 걸쳐 '그림책의 힘, 낭독의 힘'이라는 주제로 그림책 공부 모임을 시작했습니다.

2009년 1기 그림책 공부 모임에서는 『여섯 살, 소리 내어 읽어라』(21세기북스)를 교재 삼아 한 사람 한 사람 마이크를 잡고 그림책을 소리 내어 읽어보는 시간을 가졌어요. 매번 그림책을 빌려 가서 아이에게 다양한 방법으로 읽어주고, 다음 모임에서 아이의 반응과 소감을 나눴고요. 이렇게 꾸준히 연습

한 후 그림책 몇 권을 선정해 아이들 앞에서 직접 빛그림책을 읽어주고 마무리했답니다.

아래는 모임 내용을 구체적으로 정리한 거예요.

- **첫 번째 모임** : 자기소개 ➡ 그림책 공부 모임에 바라는 점 이야기 나누기 ➡ 『여섯 살, 소리 내어 읽어라』 텍스트 읽기 ➡ 아이와 함께 읽고 싶은 그림책 빌려 가기
- **두 번째 모임** : 그림책 낭독 및 『여섯 살, 소리 내어 읽어라』 함께 읽기
- **세 번째 모임** : 마음 나눔 ➡ 빌려 간 그림책 낭독 ➡ 점심 뒤풀이
- **네 번째 모임** : 공공도서관 나들이(대출증 만들고 아이가 관심 있어 하는 주제를 선정해 관련 그림책 찾아 빌리기) 후 각자 그림책 소개 ➡ 『여섯 살, 소리 내어 읽어라』 함께 읽기
- **다섯 번째 모임** : 도서관에서 빌린 그림책을 아이들과 함께 읽은 소감 나누기 ➡ 『여섯 살, 소리 내어 읽어라』 함께 읽기 ➡ 마지막 모임 때 아이들에게 들려줄 빛그림책 선정 → 그림책마다 인원을 나누어 빛그림책 읽기 연습
- **여섯 번째 모임** : 아이들 앞에서 빛그림책 읽어주기 ➡ 〈여섯 번의 그림책 공부 모임〉을 마치며' 설문지 작성 ➡ 그동안 변한 자신의 모습과 앞으로 이 모임이 계속될 때 보완했으면 하는 점 이야기 나누기

여름방학을 앞둔 날, 강당에 모여 아이들 앞에서 빛그림책을 보여주며 읽어준 어머님들이 한자리에 모여 그림책 공부 모임을 평가하는 시간을 가졌어요. 이 시간에 나온 이야기들을 나눠봅니다.

그림책 공부 모임

♧ 떨리는 마음으로 참석한 첫 번째 모임, 분위기가 참 좋았어요. 마이크 잡고 떨리던 마음이 조금씩 적응되면서 자신감이 생겼고 아이들에게 읽어줄 때 조금 더 신경 쓰게 되었어요. 비 오는 날의 도서관 나들이도 기분이 상쾌했어요.

♧ 공부를 하면서 책을 들려줄 때 목소리나 발음이 많이 바뀌었어요. 아이 반응도 전과 많이 다르더군요. 책 읽어달라는 횟수도 많이 늘었고요. 대사처럼 나오는 부분은 귀를 많이 기울여요. 그림자극 공연과 이어진 그림책 공부, 정말 큰 도움이 되었답니다.

♧ 여섯 번의 공부 모임 시간이 왜 이리 짧게 느껴지는지 모르겠네요. 마지막 시간이라고 하니 무척 아쉬워요. 그림책에 대한 여러 가지 소중한 정보들, 마음속에 고이 담아둘게요. 그림책 공부 모임을 한마디로 소개한다면? 그림책 공부는 엄마의 마음공부!

♧ 여러 엄마들을 통해 낭독 방법을 많이 알게 되어 우리 애들에게도 큰 도

움이 되었답니다. 마지막 모임 때 아이들 앞에서 그림책을 읽어주니 무척 재미있어 해서 기분이 아주 좋았어요.

♣ 유치원에 와서 다른 엄마들과 만날 수 있어 좋았어요. 아이의 환경이나 정보에 대해 얘기하면서 자녀교육에 대해 다시 한 번 생각하게 되었어요. 나의 새로운 면이나 부족한 면도 곰곰이 생각할 수 있었고요. 읽는 것도 좋지만 그림책을 읽은 후 느낌을 쓰니 책에 더 관심이 생겼어요. 생각이 달라지는 그림책 공부 모임, 아이와 사이가 더 좋아졌어요. "우리 아이가 달라졌어요"라는 말은 이럴 때 쓰는 것 같네요.

♣ 그냥 읽어주기만 하고 덮어두던 그림책이었는데 이번 모임 덕분에 좀 더 여러 각도에서 볼 수 있었어요. 예를 들면 제각기 다른 아이들 반응이나 예기치 못한 발견 등등 좋은 책에 대한 소개나 정보가 많아서 좋았어요.

♣ 여러 방면의 책들을 다양하게 접할 수 있는 시간이었고, 책과 친해지는 계기가 되었어요. 아이의 변화보다 나 자신의 변화가 가장 컸지 않았나 싶네요. 자신감이 많이 생겼어요. 아이들에게 좋은 책을 더 많이 읽어주고 싶어요.

♣ 모두 알찬 시간이었어요. 모임을 통해서 책의 소중함을 다시 한 번 확인할 수 있었고 아이에게 책을 읽어줄 때 마음 자세가 달라진 것 같아요.

이렇듯 서로 마음을 나누고 그림책에 대해 공부하면서 아이들과 함께 그림책 읽는 시간이 달라졌다는 소감에 지속적으로 해나가야겠다는 생각이 들었어요. 그림책 공부 모임은 그 뒤로 매해 이어져 열기가 점점 뜨거워지고 있

어요. 덕분에 아빠 그림책 공부 모임을 열기도 했지요. 앞으로도 아이와 더불어 행복하게 그림책을 만나려는 엄마, 아빠 그림책 공부 모임은 다양한 방법으로 지속될 것 같은 기분 좋은 예감이 듭니다.

  유치원에서 마련한 모임이 끝난 뒤에도 열정은 이어졌어요. 1기 그림책 공부 모임을 마친 분들이 '책마담(책을 통해 마음 열고 담소를 나누는 모임)'이라는 후속 모임을 만든 거예요. 1기 책마담에 이어 해마다 한 기수씩 늘어나는 책마담은 '웃음꽃' 극단, 책잔치(극 공연, 빛그림책 구연, 책놀이 진행 등), 달마다 그림책 읽어주기, 일일 사서 등 다양한 원내 활동에 활발하게 참여하면서 지금까지도 책 모임을 계속하고 있어요.

우리 동네 책잔치, 그림책이랑 놀자!

언제부터인가 유치원이 지역사회(동네) 이웃들과 유아교육 정보를 나눌 수 있는 교육 사랑방 역할을 하면 좋겠다고 생각해왔어요. 이런 철학이 동네 아이들 모두 함께 그림책과 한바탕 놀아보는 자리를 만들었으면 하는 바람과 합쳐져, 2008년 제1회 '우리 동네 책잔치, 그림책이랑 놀자!'를 열기에 이르렀어요.

대상은 그림책을 좋아하는 영·유아와 어른들로 정하고, 장소는 원내 강당과 교실을 이용했어요. 금오유치원이 주관해서 준비하되 지역사회와 함께 만들어가는 동네잔치의 개념을 불어넣고자, 지역 내 공공도서관을 섭외해 행사 당일 도서를 대여하는 형태로 후원을 받았지요.

책잔치를 한 번 치르려면 준비 과정부터 마무리까지 한 달 이상이 걸려요. 도서관 후원 요청 및 강사 섭외, 리플릿을 만들고 홍보하는 작업이 일찌감치 시작되지요. 엄마극단 참가 신청을 받아서 공연 준비를 하는 데도 몇 주가 걸리고요. 그 밖에 세부 프로그램 구상, 책잔치 분위기를 돋울 여러 장치와 공간 구성 등 전체 과정을 선생님, 부모님, 아이들이 함께 만들어가요. 그 속에서 특별한 배움이 일어나고 관계가 맺어지지요.

부모님들은 극 공연, 그림책 구연, 책놀이 진행, 일일 사서 도우미 등에 자발적으로 참여했어요. 특히 엄마극단 '웃음꽃'은 책잔치를 계기로 꾸려져 특별한 공연을 펼쳐냈어요. 처음엔 단순히 '아이들을 위해서' 라는 명분으로 시작했지만 점점 몰입하면서 '엄마'라는 이름에 갇혀 있던 자신의 재능과 열정을 하나둘 드러냈지요. 그 열정과 성취감은 후에 그림책 공부 모임으로 이어졌고, 책잔치 공연을 계기로 새로운 공부를 시작했다는 한 어머님의 반가운 이야기도 들을 수 있었어요.

준비 과정에서 책잔치의 주인공인 아이들도 빠질 수 없겠죠? 잔치 포스터에 쓸 그림이나 교실환경, 걸개그림 등 책잔치에 필요한 환경 구성 작품들을 아이들이 직접 만들어요. 책놀이터나 전시회에 필요한 그림책을 배치하는 일도 도와주고, 책놀이 등 책잔치에 필요한 소품들도 아이들과 함께 만들어요.

책놀이, 소쿠리 탈 만들어 쓰고 동네 한 바퀴

책잔치가 끝나고 정리할 때도 다 같이 해요. 특히 도서관에서 빌린 책과 유치원 책을 분류하는 작업, 수량을 확인하는 작업을 아이들과 함께하니 더 의미가 있었답니다. 물론 그림책과 즐겁게 노는 것이 아이들의 가장 큰 몫이지요.

그럼 구체적으로 어떤 프로그램들로 책잔치가 진행되는지 하나씩 들려드릴게요.

신나는 그림책 놀이터

그림책 놀이터는 아이와 부모님이 함께 그림책을 마음껏 즐기는 공간이에요. 요즘은 어린이도서관이 많이 생겨서 아이들이 편안한 마음으로 책을 읽을 수 있다고는 하지만, 도서관 문화는 아직도 엄숙함을 완전히 벗지 못한 것 같아요. 그림책 놀이터는 그런 엄숙함을 벗어던지고 다른 이에게 방해되지 않을 정도의 북적거림과 편안함을 제공하는 공간으로 구성했어요. 누워서 읽거나 소파에 기대어 읽을 수도 있고, 구석에 숨어서 읽을 수도 있어요.

아이들이 가장 좋아하는 곳은 '맥스(MAX)호'예요. 책놀이터 한복판에 놓인 고무 대야가 바로 『괴물들이 사는 나라』(시공주니어)에 나오는 맥스호랍니다. 어린이도서연구회에서 준비한 책 기차와 책 텐트도 인기 만점이었어요.
그 속에 들어가 책을 만나는 아이들 모습이 얼마나 행복해 보였는지 몰라요.

　책놀이터의 흐뭇한 광경 중 하나는 어른들이 내 아이가 아닌 다른 아이들
에게 자연스럽게 책을 읽어주는 모습이에요. 자녀에게 책을 읽어주다 보면
주위에 있던 아이들이 하나둘 모여들어 같이 듣지요. 때로는 자기 아이는 딴
데서 놀고 있고 다른 아이들에게 책을 읽어주는 부모님들의 모습도 볼 수 있
어요.

　책놀이터를 더욱 흥미롭게 하는 장치는 '그림책 놀이 카드'예요. 등록할
때 나눠 주는데, 아이들이 책을 보면서 할 수 있는 간단한 미션(예를 들어 오
늘 읽은 책 제목 다섯 개 쓰기, 그림책 주인공을 보고 책 제목 알아맞히기 등)이 적
혀 있어요. 미션을 완수하면 작은 선물을 줘 아이들이 즐겁게 책을 읽도록 이
끌어주기도 해요.

어른들을 위한 그림책 강연

　아직도 그림책을 아이들이 읽는, 수준 낮은 책으로 여기는 어른들이 있어
요. 그림책 부모교육을 마치고 나면, "아이들을 위해 그림책 전집만 사줬지,

그림책이 이렇게 다양하고 재미있는지 몰랐다"라고 말하는 부모님들이 많지요. 그래서 책잔치를 통해 어른들도 그림책의 매력에 빠져들 수 있게, 그림책을 새롭게 만나는 기회를 마련하고자 특강을 준비하곤 했어요.

'책 읽는 아빠' 계룡문고 이동선 대표 강연

　　지금까지 강연 주제로 만난 내용은 '그림책의 힘', '마음을 헤아리는 그림책 이야기'(김은아 마음문학치료연구소 소장), '한글을 만나는 그림책', '책 읽는 아빠의 행복한 이야기'(이동선 계룡문고 대표), '삶으로 만나는 그림책', '도서관에서 그림책으로 놀자'(박미숙 책놀이터 관장), '마음 그림책 이야기', '팔팔한 그림책 이야기' 등이 있었어요.

　처음에는 책잔치 당일에 그림책 강연을 했는데, 부모님들이 아이들과 함께 더 많은 시간을 보내고 싶다는 의견을 전해주었어요. 그래서 5회(2012년)부터는 책잔치 전에 미리 강연회를 하고 책잔치 날에는 '그림책 작가와의 만남'으로 대신하고 있어요.

그림책 작가와의 만남

　그림책 작가를 직접 만난다는 것은 아주 특별한 경험이에요. 그림책 작가의 생생한 목소리로 한 권의 그림책을 출판하기 위해 얼마나 많은 과정이 있는지 들을 수 있어요. 작가의 작업물과 습작들을 볼 수도 있지요. 더불어 작가와 함께하는 그림책 워크숍, 사인회 등 다채로운 시간도 열리죠. 작가 사인회 때에는 어른 아이 할 것 없이 거의 아이돌 팬클럽처럼 긴 줄을 서서 가슴 두근두근 자기 차례를 기다리게 됩니다.

짧은 순간이지만 '작가와의 만남'은 아이들에게 적지 않은 영향을 끼쳐요. 도서관에서 자신이 만났던 작가가 그린 그림을 단숨에 찾아내는가 하면 나중에 커서 자신도 그림책 작가가 될 거라고 말하는 아이들도 많아져요. 또한 어른들에게는 그림책을 깊이 이해하는 계기가 되었다는 이야기, 그림책을 보는 마음가짐이 달라졌다는 이야기도 전해 들어요. 책과 사람이 마주한 감동이 가슴속 깊숙이 자리하게 되어, 이제는 해마다 큰 기대감으로 작가들을 초청하고 있답니다.

박정섭·서영 작가와의 만남

최향랑 작가와의 만남

책 만들기와 책놀이

아이들과 함께하다 보면 아이들이 손으로 몸으로 직접 무언가를 해보고 만드는 일을 얼마나 좋아하는지 알 수 있어요. 책잔치에 그런 자리가 빠진다면 섭섭하겠죠? 그래서 2008년 책잔치를 처음 열 때부터 책 만들기(북아트)나 책놀이 마당을 뒀어요. 책 만들기가 자유롭게 나만의 책을 만드는 자리라면, 책놀이는 그림책과 연관된 여러 활동으로 그림책을 다시 보게 하는 기회를 주지요.

기억이 남는 책 만들기와 책놀이를 소개해드릴게요. 먼저, 좋아하는 그림책 주인공의 얼굴을 소쿠리 탈로 만들어 쓰고 동네 한 바퀴 돌아보기, 이 책놀이는 아이들에게 또 다른 내가 되어보는 특별한 경험을 선물했어요. 탈을 만드는 것도 재미있었지만, 만든 탈을 쓰고 동네를 한 바퀴 도는 건 더 신나는 모험이었답니다.

『나는 괴물이다!』(국민서관)의 여름이처럼 재활용 종이봉투를 꾸미며서 우주 괴물 놀이를 하기도 하고, 『도둑을 잡아라!』(시공주니어)에 나오는 도둑가면을 만들어 쓰고, 『내가 공룡이었을 때』(천개의바람)에서처럼 공룡 옷을 입고 공룡 흉내를 내며 놀기도 했어요.

최근 책잔치 때는 『장수탕 선녀님』(책읽는곰)과 『달콤한 목욕』(바람의아이들)에서 아이디어를 얻어, 한 교실을 아예 목욕탕으로 꾸며서 놀았어요. 거대

상상 목욕탕 놀이 – 달콤한 가람탕 교실 풍경

한 목욕탕과 이벤트탕, 샤워실, 때밀이 침대, 각종 목욕 용품을 소품으로 만들어 목욕놀이를 즐겼지요. 목욕물은 어떻게 준비했을까요? 신문지와 보자기가 물이 되는 상상 물놀이를 했어요. 신나게 목욕탕 놀이를 마치고 나올 때는 요구르트를 받아 장수탕 선녀님처럼 빨대 꽂고 "요구룽?" 하며 마시는 걸로 마무리했답니다.

책잔치의 꽃, 극 공연

책잔치의 절정은 막바지에 이루어지는 극 공연이에요. 첫해부터 엄마들이 그림책을 각색해 다양한 극놀이 형태의 공연을 보여주었지요.

〈구름빵〉 인형극 　　　　　　　발도르프 인형극 〈할머니 집 가는 길〉

인형극 〈구름빵〉(원작 한솔수북), 〈입이 똥꼬에게〉(원작 비룡소), 〈개구리네 한솥밥〉(원작 길벗어린이), 손바느질 모임 '궁리'가 만든 발도르프 인형으로 공연한 〈할머니 집 가는 길〉(원작 북뱅크) 등등. 선생님들도 공연을 했어요. 동네 파출소 소장님까지 등장해 책잔칫날 누가 그림책을 훔쳐 갔는지 찾아내는 유쾌한 상황극 〈도둑을 잡아라!〉(원작 시공주니어), 두루마리 휴지가 이리저리 변신하며 옛이야기를 들려주는 〈해와 달이 된 오누이〉, 「커다란 순무」 이야기를 변형한 〈아주 아주 커다란 ○○○〉 등 생생한 현장의 열기는 1부 '날마다 그림책' 극놀이로 만나는 그림책 편에 자세히 담겨 있어요.

엄마극단의 무대는 극단 구성원들과 관객 모두에게 뜻깊은 프로그램이었어요. 아이들은 어디에서도 볼 수 없는 세상에 하나뿐인 공연을 본다는 기대감과 즐거움을 만끽하고, 공연을 준비한 어머님들을 비롯한 어른들에게는 가족과 함께하는 소중한 추억을 안겨주었지요. 그러나 해를 거듭하면서 엄마극단 구성원들이 공연에 대한 부담감 때문에 정작 책잔칫날 자녀와 즐기지 못하는 모습이 느껴졌어요. 그래서 6회 책잔치부터는 외부 인사를 초청해 북콘서트 형태로 마무리 공연의 성격을 바꿨답니다.

엄마와 아빠가 들려주는 그림책 구연

이재복 작가의 『아이들은 이야기밥을 먹는다』(문학동네)라는 책을 보면, 아이들은 "달님 안녕"이란 말을 들으면 그림책 『달님 안녕』(한림출판사)을 먼저 떠올리는 것이 아니라 "달님 안녕"이라고 속삭이는 엄마의 실제 목소리를 떠올린다고 해요. 우리가 어떤 영화를 오래도록 추억할 때, 때로는 영화 자체의 매력보다 함께 본 사람 때문일 때가 있듯이 말이에요.

이런 의미에서 엄마와 아빠, 선생님이 들려주는 그림책은 아이들 가슴속에 오래오래 남게 돼요. 특히 책잔치의 그림책 구연은 부모님들이 여러 날 연습하여 능동적으로 참여하는 프로그램이에요. 다양한 방식으로 흥미를 북돋우면서 그림책을 들려주지요.

그림책 한 권을 여러 부모님이 다채로운 목소리로 주거니 받거니 들려주거나, 커다란 스크린에 그림책을 띄워 큰 그림이 생생하게 말하듯이 들려주기도 해요. 출판사에서 큰 그림책을 지원받아 한 장 한 장 넘기면서 들려주면 색다른 맛이 나요. 어떤 어머님은 수건을 활용해 동화구연을 했는데, 이야기를 따라 수건 한 장이 얼마나 놀랍게 변화하는지 모두 감탄했답니다. 한 어머님은 『까만 크레파스』(웅진주니어)의 그림을 직접 스케치북에 그려서 구연하기도 했어요.

떨려서 평소보다 못해 속상하다면서도 다른 부모님들이 잘 들었다며 인사를 건넬 때는 기쁜 표정을 숨기지 못하던 모습을 보면서 이런 경험이 부모님들에게도 소중한 시간이 된다는 사실을 새삼 깨달을 수 있었지요. 전문가는 아니지만 아이들에 대한 애정과 열정만큼은 최고인 부모님들의 다채로운 그림책 구연은 꾸준히 이어지며 책잔치를 빛내고 있어요.

그림책 벼룩시장

보지 않는 그림책을 사고파는 것도 좋지만, 서로서로 바꿔 읽으면 사람에게도 그림책에게도 좋은 일일 거예요. 그림책 벼룩시장은 그런 취지로 2009

2009년 책잔치 – 그림책 벼룩시장

년부터 시작한 프로그램이에요. 보지 않는 그림책을 가져오면 교환 쿠폰을 받을 수 있고, 필요한 그림책을 골라 쿠폰을 내고 가져가는 방식이지요. 해마다 참여하는 가족이 늘고 있는 이 프로그램은 물물교환의 의미도 배우면서 그림책을 새롭게 마련하는 자리로 거듭나고 있어요. 그런데 가끔 집에서 잘 보지 않는 질 낮은 그림책을 내놓는 경우가 있어요. 그래서 그림책 벼룩시장을 소개할 때 그림책을 저렴하게 구입한다는 의미보다는 내가 좋아하는 그림책을 다른 집으로 여행 보낸다는 의미라고 강조한답니다.

책 읽는 유치원, 한 걸음 더

금오유치원에서 이루어지는 그림책과의 만남 이야기 어떠셨나요? 사실 요즘 시대에 독서교육을 하지 않는 기관은 드물 거예요. 대부분의 어린이집과 유치원에서 그림책 대출은 물론 독후활동을 하고, 책과 관련된 여러 가지 행사를 기획해 진행하지요. 하지만 언제나 고민하는 부분은 과연 아이들은 행복한가 하는 점이에요. 여러 활동을 통해 책을 만나야 하는 우리 아이들은 과연 책과 더불어 행복한가. 늘 이 질문을 가슴에 품고 '그림책과의 만남'을 궁리해왔어요.

그리고 해가 거듭될수록 깨닫는 중요한 사실은 아이들이 책과 만나는 것 못지않게 어른들이 책을 만나는 게 중요하다는 점이에요. 특히 유아기의 독서는 글을 깨우쳐 스스로 읽는 것이 아니라 누군가가 읽어주고 보고 듣는 것이기에, 우리 아이들에게 그림책을 읽어주고 보여주는 선생님과 부모님의 역할이 지대하지요. 따라서 독서교육은 엄밀하게 보았을 때 누구보다 선생님과 부모님에게 먼저 이루어져야 해요. 그런 의미에서 '그림책 공부 모임' 및 '우리 동네 책잔치' 같은 방법이 마련되었고, 앞으로도 이런 자리를 더욱 넓게 펼쳐나갈 생각이에요.

금오유치원 책방의 작은 책꽂이는 해가 갈수록 그림책들로 빽빽하게 채워졌고, 꽂을 자리가 없는 책들은 교실 여기저기 유치원 곳곳으로 흩어졌어요. 숨바꼭질하듯 숨어버린 그림책을 찾고 또 찾다 아이들에게 읽어주고 싶은 때를 놓치는 안타까운 일도 있었지요. 그러다 보니 그림책을 모두 모아 가지런히 꽂아둘 수 있는 도서관이 우리 곁에 있으면 얼마나 좋을까 하는 생각이 들기 시작했어요. 책으로 가득 찬 도서관 공간이 아이들과 선생님, 부모님까지 품어 안으며, 나아가 우리 동네 지역사회에 유익한 작은 도서관으로 자리매김을 한다면 얼마나 멋진 일일까 생각했지요. 그리고 마침내, 우리 마음속 도서관은 현실이 되었답니다!

4부에 '별별어린이도서관' 이야기가 이어집니다.

별별어린이도서관
행복한 이야기

드디어 도서관이 생겼어요! 정성껏 '별별'이라는 이름도 지었답니다. 그림책과 더불어 별빛처럼 빛나는, 별별 시간이 생겨나길 바라는 마음을 담뿍 담았습니다. 별별어린이도서관은 '별별도서 관'이라고도 불러요. 모든 일이 그러하듯 하루아침에 뚝딱, 별별도서관이 생겨난 건 아니에요. 고민하면서 숱하게 궁리했어요. 소중한 과정들이 있었기에 기쁘고 가슴 벅차게 도서관이 태어 나는 모습을 지켜볼 수 있었어요. 새로운 시간들을 행복한 이야기로 꾸려갈 수 있었지요. 이제 껏 지나온 시간보다 앞으로 펼쳐나갈 시간들이 훨씬 많아 보이지만 더 많은 분들과 함께하고 싶은 마음으로 도서관 이야기를 시작합니다. 별별어린이도서관의 행복한 이야기 기대해주세요.

두근두근, 도서관이 생겼어요!

작은 책방에서 도서관을 꿈꾸어온 지 몇 해가
지나 드디어 유치원에 어린이도서관이 생겼어요.
2012년 새해 들어 도서관 공간을 준비하던 때에
반갑게도 도교육청에서 '꿈토실 도서관 조성 지
원 사업'을 진행한다는 소식을 들었어요. 두근두
근 뛰는 가슴으로 원내 도서관을 꿈꾼 시간들을
정성껏 담아 신청서를 작성했지요. 그리고 떨리
는 마음으로 기다리던 어느 날, 금오유치원이 선정되었다는 기쁜 소식을 들
었어요!

아이들이 편안한 마음으로 그림책과 뒹굴며 만날 수 있는 놀이터 같은 도
서관이길, 유치원에 다니는 아이들만이 아닌 우리 동네 아이들, 어른들이 더
불어 즐길 수 있는 열린 마을도서관이길, 그림책만 보는 공간이 아닌 함께 배
우고 마음을 나누는 특별한 사랑방이길, 다양한 시청각 자료를 비롯한 공연,
전시 등 각종 문화 예술 공연을 만날 수 있는 작은 공연장이길, 무엇보다 이
공간을 들락거리는 이들이 자연스럽게 책과 만나고 책을 좋아하게 되는 행복
한 도서관이길 꿈꾸었어요.

첫 마음에는 아이들에게 도서관이 필요한 까닭, 우리들 곁에 도서관이 있
어야 하는 이유가 모두 담겨 있어요. 몇 해가 지난 지금 돌아보면 아직 부족

한 부분도 많지만 처음 마음 그대로 조금씩 꾸준히 실천해가고 있다고 여겨져요. 도서관이라는 공간을 살아 숨 쉬게 해주는, 그림책의 매력에 푹 빠진 이들이 우리 곁에 있기 때문이에요. 그림책을 좋아하는 선생님과 부모님, 그리고 아이들이 함께 만들어내는 신나고 즐거운 시간들!

도서관 이름은 '별별'이에요. '별별어린이도서관'. '별별도서관'이라고도 부르지요. 그 속에 '꿈다락', '책놀이터', '책나무', '책마중', '책마당'이 있는 별별어린이도서관. 그럼 지금부터 어떤 고민들과 과정을 거쳐 별별어린이도서관이 탄생했는지, 그리고 그 공간에서 아이들과 어른들이 어떤 시간들을 보내며 행복을 쌓아가고 있는지 들려드릴게요.

뚝딱뚝딱, 꿈이 현실로
- 도서관 짓기

　도서관을 구상할 때 가장 많이 생각한 것은 '이 공간에서 무엇을 어떻게 할 것인가'였어요. 앞으로 도서관 '공간'에서 펼쳐질 '시간'들이 중요했기 때문이에요. 아이들에게는 그림책 읽기 및 대출, 독후활동과 책놀이를 할 수 있는 복합공간이 되고, 선생님들에게는 그림책 독서교육에 관한 연구 및 연수 장소가 되며, 부모님들에게는 그림책 공부를 비롯한 다양한 모임을 할 수 있는 사랑방이 되길 바랐어요.

　도서관은 유치원 내 유휴 교실에 뒀어요. 일반 교실로 사용할 수 있는 정도의 면적이었지만, 꿈꾸었던 도서관 활동이 모두 펼쳐질 수 있으려면 더 효율적인 설계가 필요했어요. 이를 위해 건축업체를 선정할 때 창의적인 감각으로 도서관을 디자인한 경험이 있는 곳을 찾았어요. 건축업체 대표와 도서관 설계 전에 우리가 바라는 도서관의 모습과 역할에 대해 오랫동안 이야기를 나눴어요. 도서관에서 바로 바깥으로 출입이 가능한 문, 높은 천장을 이용한 다락방, 책장과 재미있는 독서 공간들, 디자인된 책장, 도서 대출과 반납을 도와주는 공간, 영상 관람이 가능한 스크린과 무대, 넓은 수납장과 그것을 가려주는 가림막인 동시에 게시판이 되는 미닫이문 등 다채로운 공간이 이러한 과정에서 탄생했어요. 꿈을 이야기하고 그것이 종이에 그려지고 목수의 손을 거쳐 점점 꼴이 갖춰지니, 도서관을 짓는 내내 설레는 마음을 감출 수 없었답니다.

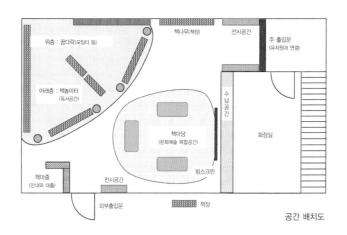

공간 배치도

바깥으로 난 외부 출입문은 유치원 현관을 거치지 않고도 도서관에 드나들 수 있어 유치원 교육 환경과 독립적으로 도서관이 운영될 수 있게 해요. 마을도서관의 역할을 하는 데 좋은 조건이지요. 물론 주로 아이들이 이용하는 유치원 실내와 이어지는 아치형 문도 있어요.

바깥으로 연결된 출입문　　　　출입문 안 책마중　　　　유치원 내부와 연결되는 미닫이문

출입문 왼쪽은 신발장이고 오른쪽이 '책마중' 공간이에요. 책마중은 안내 데스크이자 그림책 대출과 반납을 하는 장소로, 바코드 시스템을 갖춘 컴퓨터가 있어요.

책나무 앞에서 그림책 읽는 아이들

'책나무' 책꽂이는 가장 공들여 디자인한 공간 중 하나예요. 그림책을 만나며 자라나는 아이들의 가슴에 한 그루 책나무가 자라길 바라는 마음, 아이들에게 나무 같은 책꽂이로 다가갔으면 하는 바람을 담아내려 노력했지요. 책나무 책꽂이에는 선생님들이 활용하기 편하게 교육과정 관련 그림책들을 주제별로 모아놓았어요. 물론 아이들도 책나무의 책들을 자유롭게 볼 수 있지만, 언제든지 교육 활동에 활용할 수 있게 대출은 하지 않아요.

아이들이 주로 책을 만나는 곳은 '책놀이터'예요. 아이들은 본능적으로 숨을 수 있는 공간을 좋아해요. 그래서 책놀이터에 그림책을 숨어서 볼 수 있는 재미난 구석 공간을 만들었어요. 꿈다락으로 가는 층계 밑 공간을 이용한 책터널과 책의자는 아이들에게 인기가 좋아요.

책놀이터   아이들이 가장 좋아하는 책터널

왼쪽부터
꿈다락으로 오르는 층계 / 꿈다락에서 책 읽기 /
꿈다락 계단에서 네모 창으로 책마당 내려다보기

　　다락방에 오르면 뭔가 신기하고 재미있는 일이 벌어질 것만 같은 환상, 품
어본 적 있으시죠? 도서관을 처음 계획할 때부터 다락방을 만들고 싶었어요.
건축 설계할 때 가능성을 검토했는데, 다행히 천장이 높아서 복층 구조의 다
락이 가능했어요. 그랜드피아노처럼 유려한 곡선으로 된 다락 공간을 '꿈다
락'이라고 이름 붙였어요. 꿈다락 또한 아이들에게 인기가 좋지요.

　　동그라미, 세모, 네모 모양의 창이 난 다락방에서 옹기종기 모여 앉아 놀
수 있는 게 좋아서인지, 아니면 나무 층계를 밟아 오르는 재미가 있어서인지,

처음 도서관에 온 아이들은 몇 번이나 꿈다락을 오르고 내리며 들락날락거려요. 아이들이나 부모님 모두 소그룹 활동을 할 때 활용하기 좋은 공간이에요. 지금은 다락방 책꽂이에 유치원에 방문한 그림책 작가의 작품을 전시해 '작가의 다락방'이라고 이름 붙여두고, 모임방으로 쓰고 있어요.

　도서관 한가운데 공간은 일부러 비워두고 '책마당'이라고 이름 지었어요. 이곳은 한 반 아이들이 모여 대그룹으로 이야기를 나누거나 낮은 책상을 두고 소그룹 활동을 하기도 하면서 자유자재로 활용하는 공간이에요. 정면 벽면은 게시판으로도 활용할 수 있어요. 또 여기 달린 미닫이문을 열면 뒤쪽으로 커다란 수납공간이 나오지요. 그리고 앞쪽에는 아이들이 간단한 극놀이 공연 등을 할 수 있게 작은 무대를 설치했어요. 스크린도 있어서 그림책과 관련된 다양한 영상을 감상하거나 빛그림책 구연도 가능하지요. 이처럼 책마당은 독후활동, 작품 전시, 무대 공연, 영상 감상 등으로 다채롭게 활용될 수 있는 그림책 문화예술 공간이에요.

책마당

유치원 내부에서 들어오는 출입문 쪽에는 전시 공간이 마련돼 있어요. 맞은편으로 손을 씻는 세면대가 있고, 그 아래엔 수납공간이 나 있고요. 그 밖에도 별별어린이도서관에는 아이들 눈길이 머물고 손이 닿는 모든 곳에서 그림책 세상을 만나고 재미있는 놀이를 생각해낼 수 있기를 바라는 마음이 담겨 있어요.

전시 공간 세면대 수납장 겸 게시판

표지 소개 책꽂이

도서관 공간이 이렇게 아이들과 만날 준비를 마쳐가는 동안, 선생님들은 체계적으로 그림책을 분류하고 관리할 수 있는 도서관리시스템을 도입하는 일을 시작했어요. 먼저 할 일은 도서 분류 작업이었는데, 조사해보니 작은도서관에서 많이 활용하는 유료 도서관리 프로그램과 학교도서관업무지원시스템(DLS, Digital Library System)이 있었어요. 유치원에서 가장 많이 보유한 그림책은 일반적인 도서 분류 시스템(KDC, 한국십진분류법)에서는 800번대 문학으로 일괄 분류되어 관리하기 불편한 면이 있어요. 그래서 처음에는 어린이책 분류가 잘 되어 있는 유료 도서관리 프로그램을 적극 고려했어요. 하지만 DLS가 사용료 무료에 사립유치원도 사용할 수 있고 다른 학교도서관 자료와 호환된다는 사실을 알고, 결국 DLS를 도입했습니다.

원내 곳곳에 있던 그림책과 교사용 참고 도서를 모두 모아보니 양이 어마어마했어요. 도서관을 연다고 그림책을 기증해준 부모님들도 많았지요. 이를 한꺼번에 바코드 작업을 하는 일은 만만치 않았어요. 무엇보다 처음 접하는 도서관리 프로그램을 배우고 익히느라 담당 선생님이 고생을 하셨지요. 그래

도서관리 프로그램으로 그림책 대출하기(책마중)

도 학부모 도우미 분들과 봉사활동을 나온 학생들 덕분에 차근차근 바코드 입력 작업을 해가며 텅 비어 있던 책꽂이들을 채워나갔어요. 이때 분류 방식 은 그림책을 활용하는 용도에 맞춰 대출용과 비대출용으로 나누고 대출용은 가나다순으로, 비대출용은 주제별로 구분했어요. 작은도서관에서 활용하는 사례를 참고해 서지사항(바코드) 이외에 색띠를 붙여서 구분했고, 이를 좀 더 구체화화기 위해 스티커를 붙여 더 세부적으로 구분하기도 해요.

별별어린이도서관에 오신 걸
환영합니다!

뭐가 좋을까? - 도서관 이름 짓기

도서관 공사가 마무리되면서 가장 먼저 궁리한 것은 도서관 이름이었어요. 꿈토실 도서관 지원 사업에 선정되어 일부 지원금을 받기는 했지만, 이름을 꼭 '꿈토실'로 해야 하는 것은 아니라고 했어요. 부르기에도 좋고 의미가 담긴 이름으로 무엇이 좋을까 고민이 되었지요. 앞서 소개한 것처럼 도서관 공간 구석구석에 아이들 눈높이에 맞는 이름(책마중, 책놀이터, 책나무, 책마당, 꿈다락 등)을 붙이면서, 유치원 가족들을 대상으로 도서관 이름 공모전을 열었어요. 좋은 이름을 짓기 위한 지혜도 모으고 도서관에 대한 마음도 모으고 싶었거든요.

그렇게 해서 탄생한 이름이 바로 다양함, 특별함, 엉뚱함, 꿈, 그리고 반짝이는 별빛 마음을 담은 '별별어린이도서관'이에요.

★ 별별 그림책과 만나서, 행복을 꿈꾸는 특별한 아이들의 별난 도서관
★ 별별 그림책과 만나서, 아이들 마음에 별 마음 심어주는 별빛 도서관

이름을 정하고 나서 부모님들에게 '별별 이행시 짓기'와 '소감 한마디' 쪽지를 부탁드렸는데, 축하의 말씀들과 더불어 반짝이는 생각과 소중한 마음이 담긴 근사한 이행시가 많이 나왔어요. 그 덕분에 '별별'이라는 이름을 멋지게 가다듬을 수 있었답니다.

도서관 미리 맛보기

4월 한 달 내내 진행된 공사가 마무리되고 이름도 정해지자, 도서관 공간이 아이들과 어른들에게 조금씩 열리기 시작했어요. 정식 개관에 앞서 5월 한 달 동안은 유치원 아이들과 부모님들에게 도서관을 소개하고 만나는 시간을 조금씩 갖기로 했어요. 그러는 동안 내부 정리 및 그림책 정리를 차근차근 진행해 정식 개관식은 2012년 5월 30일에 하기로 했지요.

아이들은 궁금했던 도서관을 빨리 만나보고 싶어 했어요. 아직 채 정리되지 않은 도서관의 맨얼굴부터 만난 아이들은 금세 도서관과 친해졌어요. 책꽂이마다 빈 공간이 많았지만 그런 건 중요하지 않았지요. 다들 도서관 구석구석을 누비며 새로운 공간을 탐색하고 즐겼어요.

책터널을 만끽하는 아이들

사실 재원생보다 먼저 도서관에 발도장을 찍은 아이들은 여덟 살 졸업생들이었어요. 매년 어린이날을 앞두고 이제 막 초등학교 1학년 생활에 적응하고 있는 졸업생 아이들에게 작은 선물을 건네며 반가운 마음과 응원의 마음을 전하고 있는데, 2012년에는 졸업생 모두를 별별어린이도서관으로 초대했어요. 도서관 덕분에 예년과 달리 아이들이 넉넉하게 머물면서 오랜만에 친구들도 만나고 소식도 전하며 신나게 놀다 갔어요. 물론 그림책도 마음껏 읽어보고 말이에요.

이어서 새롭게 마련된 별별어린이도서관 공간을 활짝 열어 부모님들에게 소개하고 아이와 그림책을 함께 나누는 기쁨을 만끽하기 위해, '책소풍'이라는 이름으로 가족 참여 활동도 계획했어요. 덕분에 토요일 아침부터 아빠, 엄

마, 형제자매, 온 가족이 삼삼오오 도서관으로 모여들었지요. 서로 반갑게 인사를 나누고 도서관 여기저기를 구경한 다음, 선생님이 빛그림책으로 들려주는 『오늘의 숙제는』(문학동네어린이)을 감상했어요. '오늘의 숙제는 안아주기!' 그림책 이야기에 따라 안아주기 숙제에 열심인 부모님 덕분에 아이들이 까르르 웃으며 즐거워했답니다.

엄마랑 아빠랑 아가랑, 다 함께 그림책을 즐겨요!

그리고 오늘의 숙제 한 가지 더! 별별도서관에서 그림책 세 권 이상 아이들에게 들려주기. 숙제를 하느라 도서관은 와글와글 바글바글 그림책 읽는 소리로 가득했어요.

아이들과 부모님에게 도서관을 소개하고 나서, 동네 이웃분들이 생각났어요. 별별어린이도서관은 비록 사립유치원 안에 있는 도서관이지만, 마을도서관(우리 동네 작은도서관)의 역할도 할 수 있다면 좋겠다는 바람이 있었거든요. 그래서 선생님들과 부모님들(책마담, 학부모 그림책 공부 모임 회원)과 논의한 끝에, 매주 목요일 유치원 정규반 방과 후인 오후 3시부터 5시까지 누구나 올 수 있는 마을도서관으로 개방하기로 했어요.

'목요 책소풍'이라고 이름 붙인 이 시간은 책마담 소속 학부모 자원봉사자들이 진행을 맡고 선생님 한 분이 지원해주기로 했어요. 아마 선생님들과 부모님들이 이해하고 지원해주지 않았다면 별별마을도서관 운영은 불가능했을 거예요. 그리고 도서관과 교실이 층으로 구분되어 있고 출입문이 외부와도 직접 연결되어 있어 유치원 교육 환경과 독립적으로 운영될 수 있는 조건도 마을도서관으로 운영하는 데 큰 도움이 되었어요.

이렇게 해서 5월 17일 목요일, 첫 번째 책소풍이 열렸어요. 대개 아이와 자유롭고 자연스럽게 그림책 즐기는 시간을 보냈어요. 책마담 어머님들의 '엄마가 들려주는 그림책 이야기'를 감상하는 시간도 가졌고요. 종종 책놀이를 겸하기도 했어요. 마침 첫 번째 책소풍 날은 『강아지똥』(길벗어린이)의 권정생 선생님이 하늘나라로 떠나신 날이라, '엄마가 들려주는 그림책 이야기' 시간에 『오소리네 집 꽃밭』(길벗어린이), 『황소 아저씨』(길벗어린이), 『훨훨 간다』(국민서관), 『아기 너구리네 봄맞이』(길벗어린이)를 함께 만났답니다.

별별마을도서관 목요 책소풍

한편 개관식 소식도 알릴 겸, 누구에게나 개방된 부모 특별강연회를 열었어요. 대전에서 바람직한 어린이 독서교육에 힘쓰는 남혜란 선생님이 '독서

대화법 – 아이와 책, 그리고 부모의 역할'이라는 주제로 특강을 해주셨어요. 함께 방문한 이해완 시인과 호흡을 맞춰 책을 통해 우리 자신을 돌아보고 부모의 역할을 생각해보게 하는 시간이었지요. 특히『책도령은 왜 지옥에 갔을까?』(예림당)를 통해, 책만 내주면서 자녀 스스로 많이 읽기를 바란다면 책도령처럼 책만 읽는 바보로 키울 수 있다, 아이와 책을 함께 읽으며 아이 곁에서 책 이야기를 나누는 부모가 되어야 한다, 유아기인 지금 이 순간을 소중히 여기며 올바른 독서교육을 실천하라는 귀한 말씀을 전해주었어요.

이해완 시인 아저씨가 들려주는 신기한 옛이야기에 귀를 쫑긋, 입을 하, 잔뜩 몰입한 아이들

같은 날 오후에는 아이들을 위한 그림책 워크숍도 열렸어요. 부모 특강을 마친 남혜란, 이해완 선생님이 만 5세 아이들과 만나『쇠를 먹는 불가사리』(길벗어린이)라는 옛이야기 그림책을 들려주자, 모두 숨죽여 옛이야기에 빠져들었어요. 이윽고 이야기가 끝나고 점토로 '나만의 불가사리'를 만들어보자고 하는 순간, 도서관이 순식간에 미술실로 변신했어요. 점토를 조물조물, 저마다 다양한 불가사리를 만들며 즐겼답니다.

내가 만든 불가사리

평소 선생님들이 진행하던 그림책 활동과는 달리 도서관에서 그림책을 듣고 책놀이를 즐기는 시간은 아이들에게도 선생님들에게도 신선한 자극이 되었어요. 도서관이 단순히 책 읽는 공간에서 벗어나 표현, 감상 활동 등 다양한 공간으로 활용될 수 있음을 확인하는 좋은 기회였답니다.

'내 마음속 그림책 이야기' – 도서관 개관식 날

4월 말 멋스럽지만 텅 빈 도서관이 '별별'이라는 이름을 얻고 5월 내내 크고 작은 행사들로 조금씩 추억을 담아내니, 사람들의 온기가 느껴지는 따뜻한 도서관으로 변하기 시작했어요. 또한 유치원에서 보유한 책과 기증받은 책, 새로 더 구입한 책들이 선생님들과 자원봉사자들의 노력으로 하나둘 도서관리 프로그램에 등록되었어요. 그림책들이 책나무와 책놀이터를 채워가면서 도서관의 면모가 제대로 갖춰졌어요.

마음으로 품었던 시간들이 눈앞에서 하나둘 펼쳐지는 모습을 보노라니 안팎으로 감사한 분들이 떠올랐어요. 고마운 마음을 전하며 기쁜 마음을 나누고 싶었지요. 별별어린이도서관의 탄생과 앞으로의 운영계획을 소개하는 자리를 가져야겠다고 생각했어요. 그렇지만 형식적인 행사보다는 마음을 나누는 특별한 개관식을 준비하고 싶었어요. 그래서 손님들에게 개관 축하 인사로 그림책을 읽어주거나 마음 깊이 남아 있는 책 이야기를 들려주십사 부탁 드렸어요. 그렇게 해서 작은 책잔치 같은 자리, '내 마음속 그림책 이야기'를 담은 별별도서관 개관식이 열렸어요.

개관식 날, 먼저 책방에서 별별도서관이 생겨나기까지 지난 시간들을 되돌아보는 영상을 함께 본 뒤, 별별도서관이 탄생하는 데 도움을 준 분들께 감사를 전하는 인사말로 개관식을 시작했어요. 이어 떡케이크와 선생님들이 정성껏 종이끈을 풀어 만든 삼색끈을 자르며 도서관 개관 의식을 치렀어요.

별별어린이도서관 개관식 안내 리플릿(앞)

개관식에 참석한 구미교육지원청 유치원 담당 장학사, 어린이도서연구회 지회장, 구미시립도서관 사서, 계룡문고 대표, 유치원장, 책마담 회장, 학부모운영위원회 회장 등 여러분이 축하 인사와 함께 '내 마음속 그림책 이야

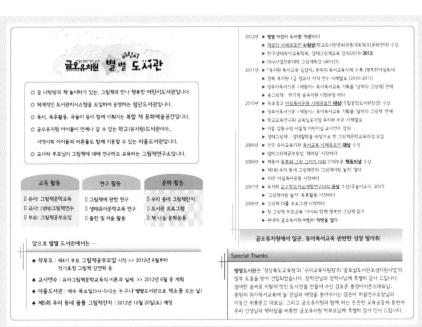

별별어린이도서관 개관식 안내 리플릿(뒤)

기'를 차례로 들려주었습니다.

5월에 우리 곁을 떠난 권정생 선생님을 떠올리며『황소 아저씨』(길벗어린이)를 들려주기도 하고,『강아지똥』(길벗어린이)의 슬프고도 아름다운 이야기를 감미로운 목소리로 구연해준 분도 있었어요. 대학 시절 처음 만난 그림책인『까마귀 소년』(비룡소)에 얽힌 이야기도 전해졌지요.

구미시립도서관 사서는 '구미시 한 책 하나 되기 운동' 선정 도서인『생각한다는 것』(너머학교)을 소개하며 도서관에 기증했고, 대전에서 책 읽어주는 아빠 모임을 운영하며 독서운동에 힘쓰는 이동선 계룡문고 대표는 특별한 손글씨 시(詩) 선물로 참석한 분들에게 기쁨을 전해주었답니다.

또 책마담 회장은 아이가 유치원에 다니는 동안 그림책을 알게 되었고 그림책으로 아이와 자신의 마음을 헤아릴 수 있어 잘 소통하게 되었다는 이야기를 전해주었어요.

현민원 선생님(계룡문고 이사님)과 함께한 재밌는 책놀이

개관식 날, 아이들을 위해 그림책 워크숍 시간도 가졌어요. 멀리 대전에서 오신 계룡문고 이동선 대표님과 현민원 이사님께서 맡아주셨지요. 마법사가 되어 아이들과 '책이란 무엇인지'를 두고 주거니 받거니 공감 어린 대화를 나

누며 책놀이를 즐겼고, 이동선 대표님(오른쪽 사진)께서 『왜요?』(베틀북)를 읽어줄 땐 아이들이 목청껏 "왜요? 왜요? 왜요?" 하고 외쳐댔어요. '왜요 아저씨'의 인기를 실감하는 순간이었지요.

개관식을 마치고 유치원 누리집에 다음과 같이 벅찬 마음을 남겼어요.

"금오유치원 별별어린이도서관이 생겨나기까지 참 많은 분들이 마음을 보태주셨구나, 깨닫는 하루였습니다. 그래서 참 기쁘고 행복했습니다. 별별도서관 첫 번째 생일잔치 잘 마쳤으니 이제 잘 자라날 수 있게 마음 쓰겠습니다. 지금처럼 앞으로 별별도서관이 가는 길, 함께해주시면 고맙겠습니다!"

꿈이 자라는
별별도서관 아이들

별별어린이도서관 책꽂이는 아이들이 좋아하는 그림책들로 가득합니다. 책놀이터 책꽂이에는 아이들이 보고 싶은 책을 찾는 데 도움이 되도록 대출용 그림책을 가나다순으로 정리해뒀어요. 책나무 책꽂이에는 주제별, 작가별 그림책으로 구분해 선생님들이 쉽게 찾을 수 있게 정리해뒀고요. 신간 그림책이나 작가 그림책을 소개하는 전시 공간도 따로 있어요. 하지만 그림책을 잘 분류해 유지하는 건 정말 쉬운 일이 아니에요. 도서 대출과 반납을 하고 나면 뒤죽박죽되기 일쑤거든요. 그래서 별별 책도우미 어머님이나 선생님들이 수시로 정리를 한답니다.

여느 작은도서관 못지않게 멋스럽게 구성된 별별어린이도서관이 생긴 후, 가장 좋은 점은 멀리 차를 타고 가지 않아도 언제나 손쉽게 도서관에 갈 수 있다는 점이에요. 아이들이 시간에 얽매이지 않고 나들이 삼아 도서관에 들러 그림책을 보는 경우가 늘어났어요. 교실과 달리 도서관에서는 언제나 반갑게 책을 만날 수 있기에 10분 아침독서를 도서관에서 하는 반도 있

어요. 그림책을 집으로 가져가 읽을 수도 있지요. 그림책 대출활동은 독서교육을 가정과 연계한다는 측면에서도 중요한 의미가 있어요.

아이들과 그림책이 만나는 데는 중요한 요소가 하나 있어요. 아직 글을 읽지 못하는 아이들을 위해 어른들이 들려줘야 한다는 점이에요. 물론 아이들은 글을 읽을 수 있든 없든 그림책 자체를 좋아하긴 해요. 하지만 자신이 좋아하는 선생님이나 부모님의 익숙한 목소리를 들으면서 함께 시간을 보낼 때, 아이들의 기쁨과 집중력은 커져요. 그래서 별별어린이도서관에서는 선생님과 부모님들이 아이들에게 틈틈이 그림책을 들려줘요. 이렇게 그림책을 꾸준히 일상적으로 만나면 아이들은 자연스럽게 '도서관은 그림책과 만나는 재미있는 곳', '책 읽기는 즐거운 놀이'라고 생각하게 돼요. 도서관에서 편하게 지내면서도 지켜야 할 약속을 알고 몸에 익히게 되지요.

나아가 도서관을 꿈꾸면서부터 계획한 복합문화공간의 역할도 아이들에게 즐거움을 주고 있어요. 지방에서는 작가를 만나는 자리가 흔하지 않지요. 그

래서 별별어린이도서관에서는 아이들과 부모님들을 위해 특별한 분들과의 만남을 꾸준히 마련하고 있어요. 윤구병 선생님(보리출판사 대표, 동화작가), 이주영 선생님(어린이문화연대 대표, 작가), 책놀이터도서관 박미숙 관장님, 남혜란 선생님(어린이책작가교실 대표), 이재복 작가님(아동문학 평론가, 『숲까말은 기죽지 않는다』 등), 박정섭 작가님(『놀자!』 등), 서영 작가님(『달걀이랑 반죽이랑』 등), 한성민 작가님(『빨간지구만들기 초록지구만들기』 등), 최향랑 작가님(『숲 속 재봉사』 등), 서현 작가님(『커졌다!』 등), 이퐁 작가님(『하시구 막힌 날』 등), 윤지회 작가님(『방긋 아기씨』 등) 등 여러 분이 방문해 부모님, 선생님과 만나거나 아이들과 그림책 워크숍을 진행했어요.

이 밖에도 책마당에는 자그마한 무대 공간이 마련되어 있어, 아이들은 그림책을 만나고 난 후 독후활동이나 책놀이, 극놀이 등 다양한 예술로 확장된 표현 활동을 즐겨요. 또 도서관에 설치된 시청각 시스템을 통해 그림책에 관한 영상물, 애니메이션 등을 보면서 문화적 감수성을 기르지요. 도서관 곳곳에 전시공간이 있어서, 아이들이 만든 작품을 전시하고 보관하기도 해요. 그림책 원화(아트프린팅) 전시회를 열기도 하지요.

꼭 책과 연계되지 않더라도 도서관 공간은 다양하게 활용되고 있어요. 생일잔치를 하거나 인형극 등 공연 관람을 하고 특별한 행사를 진행하기도 해요.

공간이 열린다는 건 새로운 시간이 열린다는 뜻임을, 아이들과 도서관에서 나눈 시간들을 누리며 새삼 실감할 수 있었습니다. 도서관을 만나 다채로운 시간을 보내는 아이들을 지켜보면서 책을 벗 삼아 책과 가까이 지내는 사람으로 자라나면 좋겠다는 바람을 갖게 됩니다.

마음을 나누는
별별 도서관 어른들

　글을 잘 읽지 못하는 아이들이 책과 즐겁게 만나려면 그 곁에 즐겁게 그림책을 읽어주는 어른이 있어야 하지요. 그런 까닭에 부모님들에게 그림책을 들려주고 보여주며 마음을 나누는 데 힘을 썼어요. 그림책을 제대로 만나면 제대로 알게 되고, 제대로 알면 사랑하게 될 거라 믿었거든요. 그리고 그 믿음은 놀라운 변화를 안겨주었어요.

　원에서 마련한 그림책 공부 모임 이후 책마담이란 책 모임이 생겨났고, 그 구성원인 엄마들이 유치원 아이들에게 정기적으로 그림책을 읽어주기 시작했어요. 선생님들도 때마다 스스로 고른 그림책으로 아이들과 만나는 일상을 즐기기 시작했고, 새로운 그림책을 찾고 살펴보는 일을 주저하지 않게 되었

책마담   그림책 독서 모임

어요. 이런 과정에서 마음 나눔이 얼마나 소중한지 깨달았기에, 새롭게 생긴 도서관 공간에서도 '마음 나눔'은 계속 이어졌어요.

좋은 그림책이 주제별로 꽂힌 책나무 책꽂이가 있는 별별어린이도서관은 선생님들에게 좋은 연구 공간이 되고 있어요. 책나무 책꽂이에는 자연관찰 그림책, 도감 그림책, 옛이야기 그림책, 세시 그림책, 사회 그림책, 마음 그림책, 환상 그림책, 작가별 그림책 등 선생님들이 참고할 만한 책들에 분야별 색띠와 스티커가 붙여져 정리돼 있어요. 새 학기를 앞두고 마음을 잡아끄는 그림책을 뽑아 들고 도서관에 나란히 앉아 '그림책 깊이 살펴보기' 공부를 하기도 하고, 더 구체적인 교육 활동을 준비하며 참고 서적을 챙겨 들고 마주앉아 계획을 짜기도 해요.

일주일에 한 번 있는 교사협의회를 선생님방(교무실)이 아닌 도서관에서 열기도 해요. 모두 모이기까지 시간이 걸리기 마련인데, 기다리는 동안 자연스럽게 책장 앞을 서성이며 행복한 10분 독서를 할 수 있지요. 차 한 잔과 책들을 챙겨 앉으면 마치 북카페에 있는 것처럼 마음이 편안하고 차분해져 좋다는 선생님들의 이야기를 들으며, 좋은 공간은 우리에게 좋은 시간을 선물

한다는 생각을 했어요.

앞에서 이야기했듯 도서관 덕분에 여러 작가 선생님과 뜻깊은 만남을 가질 수 있었어요. 가까운 곳에 강연을 온 윤구병, 이주영 선생님과 짧은 시간 알차게 책 이야기를 나눌 수 있었던 건 순전히 별별도서관 덕분이었지요. 작가와 얼굴을 마주하고 이야기를 나누는 경험이 처음인 선생님들에게 이런 자리는 떨리고 설레는 시간이었어요. 책에 담긴 이야기들을 작가의 목소리로 직접 전해 듣고 질문도 하면서 책을 대하는 마음가짐을 가다듬을 수 있었지요. 책 한 권을 깊이 만나면 그때 마주한 감동이 가슴 깊이 자리하게 되고, 이것은 다른 책을 만나는 데도 많은 영향을 끼쳐요. 이런 의미에서 여러 기관에서 '작가와의 만남'을 가져보시길 추천합니다!

서현·이퐁 작가와의 만남 후 찰칵

작가뿐만 아니라 다양한 분야의 선생님들을 만나는 연수 자리도 도서관에서 가졌어요. 마음치유 전문가와 함께 마음공부를 하기도 하고, 성미산에서 아이들과 노래로 만나는 '애기똥풀' 김은희 선생님과 노래와 놀이 연수를 하기도 했어요. 교육청에서 지원하는 교육 컨설팅을 신청해 '적극적 의사소통과 나 전달법(부모상담소 송옥화 소장님)'을 알아보고, '마음으로 노래 부르기(통전교육연구소 김희동 소장님)' 시간도 가졌어요. 도서관에서 이루어진 다양한 만남과 연수를 통해 선생님들은 새롭게 배우고 성장할 수 있었답니다.

나아가 별별어린이도서관은 그림책 문학교육 방법과 내용을 널리 나누고

펼칠 수 있는 연구소 공간이 되어주었어요.
2011년부터 '꿈틀'이라는 이름으로 마련한
그림책 연구소 활동은 도서관이 열리면서
원내 선생님들뿐 아니라 그림책 문학교육
에 관심 있는 다른 기관과 지역의 선생님들을 대상으로 확장되었어요. '그림
책을 활용한 유아문학교육'이라는 이름으로 '그림책과 만나는 행복한 교사교
육(기본과정)'을 진행해 많은 호응을 받았고, 심화 과정으로 '시 그림책', '작

별별어린이도서관에 대한 선생님들의 한마디

☆ 좋은 그림책들을 선물주는 별별도서관! 그림책에 관심이 없던 나도 아이들에게 어떤
책을 읽어줄까 고민하게 되고, 책마다 다양한 주제가 있으며 그 책으로 아이들과 여러
활동을 할 수 있다는 것을 느끼게 된다. 별별도서관이 가까이 있어 고맙고 감사하다.

☆ 별별도서관은 재미와 다양한 주제가 담긴 그림책들과 만날 수 있게 해준 소중한 공간이
다. 학교 다닐 적에는 전집류만 알던 내가 이제는 출판사 이름도 알게 되고 작가에게도
관심을 갖고 책을 더 눈여겨보게 되었다. 별별도서관은 책소풍을 통해 아이들이 가족과
함께 책을 만나고 어울려 놀 수 있는 편안하고 집 같은 분위기이다. 그래서 그곳에 함께
있는 가족을 보기만 하더라도 마음이 따뜻해지는, 다른 도서관과는 다른 별나고 별처럼
반짝이는 도서관이다.

☆ 별별도서관은 특별한 도서관에서 특별한 아이들과 만나는 매력적인 공간이다. 날마다
10분 아침독서를 하고 있는데 아이들은 교실보다 도서관에서 독서하길 좋아한다. 도서
관이라는 공간에서 만남의 장을 열어가는 신비로움이 전해지는 것 같아, 그림책 이야기

가로 살펴보는 그림책', '상상·환상 그림책', '달마다 그림책', '자유그림책놀이', '숲 그림책' 등 다양한 주제로 도서관에서 선생님들을 만났어요.

다른 장소에서 그림책 교사 교육을 할 때는 무거운 그림책 보따리를 챙겨서 들고 다녔는데, 도서관에서 하니 그럴 필요가 없었어요. 필요한 그림책들을 바로 살펴볼 수 있고, 일찍 와서 기다리는 시간이나 쉬는 시간 틈틈이 책꽂이에서 여러 그림책을 만나볼 수 있어 선생님들에게도 좋은 연수 장소가 되었어요.

를 이끌어낼 수 있는 마법 같은 힘이 존재하는 것 같다. 그만큼 우리 아이들을 몰입하게 하는 힘이 있는 별별어린이도서관! 아주 가까운, 유치원 안에 있다는 데 고마움을 느끼고 있다.

☆ 별별도서관은 가고 싶을 때 언제든지 이용할 수 있고, 가나다순으로 정렬된 그림책들은 '나 여기 있으니 보러 와'라고 인사하듯 찾는 책을 바로 찾을 수 있다. 또한 아이들을 위한 그림책뿐 아니라, 어른들을 위한 그림책, 그리고 어른들을 위한 다양한 단행본까지 있어 자주 이용할 수 있다. 별별도서관의 좋은 점은 수도 없이 많지만 다 얘기하다간 끝이 나지 않을 것 같다. 아직도 별별 이야기가 계속 이어지니깐. 우리도 모르는 사이에, 『책이 꼼지락꼼지락』(미래i아이)처럼 책 속 주인공들이 나와 북 치고 장구 치다가 『자장자장 잠자는 집』(웅진주니어)처럼 푹 잠을 잘지도 모르니깐. 아무튼 별별도서관을 통해 우리 아이들이 별처럼 반짝이는 생각과 별별 이야기를 다 담아 늘 조잘조잘 이야기 나무를 가꾸길 바란다. 더불어 나의 영혼 나무도 잘 가꿔지길!

원내 도서관에서 이루어지는 교사 연수는 적극적으로 연수를 돕고 능동적으로 참여한 유치원 선생님들에게도 특별한 성장의 기회가 되었어요. 아이들과 함께한 독후활동 사례를 발표하고 다른 기관에서 온 선생님들에게 설명하면서 새로운 자신을 발견하는 모습을 볼 수 있었답니다.

2006년 그림책 부모교육을 시작한 이후로 부모님이 먼저 그림책에 눈을 뜨는 것이 얼마나 중요한지 매번 새롭게 느껴요. 아직도 많은 부모님이 그림

별별어린이도서관에 대한 부모님들의 한마디

☆ 금오유치원 별별어린이도서관은 그림책의 재미를 다시 알게 해준 공간이에요. 엄마들과 편하게 모여 자유롭게 책을 뽑아 들고 그림책에 숨어 있는 매력을 하나씩 꺼내 하하호호 즐겨요. 쉽게 가까이할 수 없었던 작가님들과도 만나고 우리 아이들의 교육에 관한 정보도 나눌 수 있고, 아이들과 부대끼다 쌓인 스트레스를 날릴 수 있는 즐거운 힐링 캠프장이랍니다.

☆ 별별어린이도서관, 아이들이 책과 더불어 뛰어놀 수 있는 공간. 재미있고 쉽게 책을 접할 수 있고 엄마, 아빠와는 또 다르게 책마담 엄마들이 읽어주는 그림책 이야기를 들으며 표현의 다양성을 알아가는, 아이들에게는 환상의 공간. 그리고 엄마들에게는 갇혀 있지 않고 트일 수 있는 장을 마련해주는 아주 소중한 공간!

☆ 우리 아이들만을 위한 공간이 아닌 가족 모두의 힐링 장소인 것 같다. 부모들을 위한 그림책 공부, 작가와의 만남, 마음공부, 육아 고민 상담……. 다른 기관에서는 하기 힘든 여러 행사가 있어 때로는 내가 유치원에 다니는 재원생인 것만 같다. 육아를 하면서 힘든 점, 참고할 점, 배워야 할 점 들을 풀어주고 해결해주는 고민 상담소 같은 공간이랄

책이 무엇인지 제대로 알지 못해, 의무감으로 아이들에게 책을 읽어줘요. 스스로 재미를 느끼지 못하기에 아이들에게 그림책을 읽어주는 일이 피곤하고 힘들지요. 이런 안타까운 현실에서 벗어나기 위해 도서관은 부모님들과 지역사회를 향해 문을 열어야 한다고 생각했어요. 부모님들이 책을 만나고 책과 더불어 사람을 만나면서 스스로 책을 즐겨야 아이들 역시 책을 좋아하는 사람으로 성장한다고 생각합니다.

까? 너무 편해서 내 집 같은 푸근한 도서관은 힐링의 장소이다.

☆ 단순히 도서관의 기능을 하는 곳이 아니다. 보통 도서관이라 하면 책을 고르고 읽고 책에 대한 이야기를 간단히 나눌 수 있는 공간이라 생각하지만, 별별도서관에는 그것보다 훨씬 많은 기능이 있다. 아이들을 위해 그림책을 읽어주지만 항상 뭔가 부족하다는 생각을 지울 수 없었는데 책마담과 그공모(그림책 공부 모임)를 통해 다양한 그림책을 접할 수 있었고, 그림책에서 작가가 이야기하고자 하는 의도를 서로 이야기 나눔으로써 더 잘 파악하게 되었다. 책으로 둘러싸인 곳에서 책 공부를 하니 집중도 잘 되고 의미도 깊다. 아이들과 책 공부를 통해 생각한 것들을 같이 나누고 함께 독후활동을 할 수 있어 더욱더 뜻깊은 공간이다.

☆ 도서관이 멀리 있지 않고 아이들의 주 생활공간에 함께 있는 것만으로도 아이들에게 친근한 책 교육이 되는 것 같다. 매주 자연스럽게 유치원에 갈 수 있는 책마중과 책소풍. 길진 않지만 친구들과 어울리는 아이 모습을 볼 수 있어 좋다. 유치원을 그 밖의 세상(이웃, 학부모 등등)과 이어주는 다리 역할도 한다. 암튼 이제 없어서는 안 될 곳이다.

그래서 별별어린이도서관이 부모님들에게 자신을 알아가고 키워가는 문화 공간으로 자리매김하길 바랐어요. 책과 더불어 배우는 행복한 교육 사랑방이길 바랐지요. 그렇게 한 뼘 더 성장한 부모님이 아이들을 위해 책 읽어주기를 즐기고, 빛그림책 공연을 보여주는 등 여러 가지 활동을 통해 가슴 설레고 벅찬 감동을 누릴 수 있기를 바랐어요. 이런 바람은 별별어린이도서관을 만나 꽃을 피우고 있어요.

엄마들의 '그림책 공부 모임(그공모)'과 '책과 더불어 마음 열고 담소 나누는 모임(책마담)'은 2009년 책잔치의 엄마극단을 계기로 생겨난 모임들이에요. 엄마극단 구성원들이 그림책을 좀 더 공부해보고 싶다는 마음을 내비쳐 그공모가 시작되었고, 여섯 번에 걸친 만남으로는 부족하다며 후속 모임으로 꾸려진 것이 책마담이에요. 해마다 모임을 새로 꾸리며 아이들과 더불어 행복하게 그림책을 만나는 방법을 나누는 그공모와 책마담은 '달마다 그림책'과 책소풍 자리에서 그림책 읽어주기 활동을 활발히 하고 있어요. 도서관이 문을 열면서는 모임 장소를 도서관으로 옮겨 정기적으로 만나 공부하고, 일일 사서 도우미(일명 별별도우미)로 활동하기도 해요. 자녀가 유치원을 졸업한 기수들도 계속해서 별별어린이도서관에 모여 독서 모임을 하고 있답니다.

그공모와 책마담에 참여하지 않더라도 부모님들에게 도서관이 '살며 배우고 사랑하는' 복합 문화 예술 공간이 되길 바라는 마음으로 다양한 형식의 배움터를 열었어요. 책 한 권을 정해 독서 모임을 하기도 했고, 전문가를 초대해 배우고 익히는 시간을 갖기도 했어요. '다큐랑 놀자'라는 이름으로 〈훈장과 악동들〉을 함께 보고 부모의 역할에 대해 생각해보는 시간을 나누기도 했어요. 감정을 다스리고 나 자신을 사랑하는 마음공부 시간도 가졌고요. 무엇보다 그림책 부모교육 자리를 정기적으로 열어, 부모님 스스로 그림책을

책잔치 공연 연습(책마담 4기)

알아가고 느끼며 행복해지는 경험을 할 수 있도록 돕고 있어요.

별별어린이도서관은 바깥으로 열린 독립된 문을 만든 순간부터 문 바깥, 동네, 나아가 지역사회와의 만남을 꿈꾸었어요. 유치원 안에 있는 도서관이지만 때로 누구나 들어와 좋은 책과 만나고 갈 수 있는 열린 공간이길 바랐어요. 유치원을 졸업한 졸업생부터 동네 이웃, 책을 좋아하는 어른까지 누구나 들어와 그림책을 만나는 마을도서관이 되면 좋겠다고 꿈꾸었지요.

그리하여 2012년 5월부터 매주 목요일(이듬해에는 방과후종일반 시간이 변경되면서 토요일로 바뀌기도 했어요) 오후, '책소풍'이라는 이름으로 도서관 문을 활짝 열었어요. 책소풍이라는 이름은 기분 좋은 소풍날처럼 온 가족이 도서관 나들이로 책과 함께 즐거운 시간을 보내면 좋겠다는 마음을 담아 지었어요. 유치원 하원 시간에 맞춰 문이 열리면, 아이들을 데리러 오는 부모님들도 잠깐 들러 자연스럽게 그림책과 만나고 가지요. 나른한 오후를 그림책 읽어주기, 책놀이, 자유독서 시간으로 채우며 다채로운 주제의 그림책들과 만

목요 책소풍 신문지 놀이　　　　　　　　도서관에서 책놀이를 즐기는 아이들

나 놀이하는 책소풍이 펼쳐지는 거예요. 때로는 재미난 이야기가 담긴 단편 애니메이션 상영이나 빛그림책 구연을 함께 즐기기도 해요.

이렇게 진행할 수 있었던 데는 책마담의 힘이 컸어요. 책마담은 일주일에 한 번씩 돌아오는 책소풍 시간의 '그림책 읽어주기'를 위해 좋은 그림책을 골라 연습하고 준비해 알찬 책소풍을 펼쳐줬어요. 덕분에 별별마을도서관은 공간뿐 아니라 책과 함께하는 시간 역시 이웃과 더불어 나누게 되었지요. 책소풍 때마다 그림책을 읽어주는 책마담 역시 이 시간들을 통해 더불어 배우고 성장하게 되었어요.

금오유치원의 연례행사인 책잔치 '그림책이랑 놀자'도 별별어린이도서관 개관으로 더욱 풍성해졌어요. 책방 시절엔 영·유아 중심이었지만 대상을 조금 더 확장해 지금은 영아부터 초등학생(저학년)까지 아우르는 프로그램으로 준비하고 있어요. 장소도 유치원 내 교실과 별별도서관을 넓게 이용할 수 있게 되었고, 2014년부터는 유치원 바로 옆 동네숲(이야기숲)에서도 책&숲놀이 프로그램을 진행하고 있답니다.

행복한 그림책 놀이터,
새로운 시간을 꿈꾸며

별별어린이도서관이 생겨난 뒤 새로운 공간에서 쌓여온 새로운 시간들을 더듬어보니, 앞으로 더 가야 할 길들이 보여요. 특히 교사교육과 부모 배움터로 도서관 공간을 채우는 사이 정작 아이들과 함께할 수 있는 많은 시간을 놓쳐버린 것은 아닌지 되돌아보게 돼요. 하지만 앞으로 별별어린이도서관이 품을 수 있는 시간들이 더 많기에 부족한 부분을 채워나가면서 조금씩 더 성장하는 도서관을 꾸리면 될 거예요.

아직 생각만 하고 해보지 못한 것들이 많아요.

단순히 그림책만 골라 대출하고 반납하는 것이 아니라 간단히 그림책 소개도 하고 읽어주기도 하면서 대출 시간이 그림책과 넉넉하게 만나는 특별한 순간이 되기를 소망해요. 그리고 한 달에 한 번씩 '책날(대출일)'을 열어 작은 책잔치처럼 도서관에서 재미난 시간들을 꾸려보는 것도 좋을 것 같아요.

그림책이 숲·생태교육과 소통하는 지점도 꾸준히 살펴보며 연구하고 싶어요. 요즘 아이들은 대개 삶이 단조로워요. 다들 비슷비슷하지요. 그렇다 보니 그림책 속의 다양한 삶에서 아이들이 공감하는 부분은 적고, 그래서 재미있는 그림책은 여럿 떠올리지만 감동받은 그림책은 잘 생각해내지 못해요. 그림책 교육을 잘하려면 아이들의 삶을 풍성하게 만들어줘야 해요. 가장 쉬운 방법은 아이들을 숲과 자연으로 데려가는 거예요.

숲과 자연에서 만나는 생명들, 철 따라 변하는 다양한 자연의 모습, 그 속에서 친구들과 더불어 상상 놀이를 경험하면서 아이들의 삶은 풍성해져요. 풍성한 삶의 경험이 그림책의 세계와 맞닿아 그림책 속 이야기에 공감하고, 스스로 사랑하며 존중하는 아이로 성장하게 되지요. 이렇게 숲과 자연에서 상상력을 펼치는 그림책 교육, 그리고 삶의 경험과 공감을 불어넣는 숲 생태교육. 이 둘의 어울림을 위해 계속 궁리하고 애쓸 생각이에요.

엄마들의 그림책 공부 모임 그공모와 책마담에 이어 야심차게 열렸다가 잠시 주춤하고 있는 아빠 그림책 모임(아그랑)도 별이 빛나는 저녁, 도서관에서 다시 시작해보면 좋겠고, 처음부터 지금까지 도서관 운영에 큰 힘이 되고 있는 책마담 별별도우미들도 앞으로 더욱 늘어나면 좋겠어요. 여러 가지 어려움이 있지만 별별도서관이 마을도서관으로서 책마중, 책소풍, 우리 동네 책잔치 등을 통해 더 많은 이웃과 행복하게 만날 수 있다면 좋겠어요.

도서관 운영에서 아주 중요한 수서와 도서 분류, 도서 정리와 도서 검색도 더 다듬어나가야 할 부분이에요. 최근 책마담 모임에서는 정기적인 수서를 위해 유아독서 관련 매체나 신간 그림책 정보를 살펴보고 새로 장만할 좋은 그림책 목록을 만드는 작업을 시작하자는 이야기가 나왔어요. 도서관을 이용하는 주체와 더불어 수서 목록을 만들고 책을 장만한 뒤, 라벨 작업까지 마무리해서 책꽂이에 반듯하게 꽂아둘 수 있다면 도서관 운영에 아주 커다란 도움이 될 거예요. 사실 사서 선생님이 없는 현실에서 담당 선생님 한 사람만의 힘으로는 이 모든 작업을 해내기가 쉽지 않아요. 도서관 공간이 생겨난다고 해도 쉬지 않고 새로운 책을 들여오고 체계적으로 관리하려면 자원봉사자의 도움이 절실해요. 더구나 별도의 지원금이 없는 유치원에서는 좋은 책을 많이 들여놓으려고 해도 자체 예산만으로는 부담될 때가 많아요. 안정적으로 좋은 책을 마련할 수 있도록 지방자치단체나 교육청에서 힘을 보태준다면 정말 좋겠어요.

별별어린이도서관은 꿈이 많아요. 별이 빛나는 밤에 온 가족이 모여 좋은 책을 보고 듣는 아름다운 '낭독의 밤'도 열어보고 싶고, 아이들과 하룻밤 동침하는 '별별도서관 1박 2일'도 해보고 싶어요. 아직 만나지 못한 그림책 작가와 별별 만남을 이어가고 싶고, '아직 자라지 않은 아이(상처 받은 아이)'를 가슴속에 품고 있는 부모님들을 진정한 어른으로 한 뼘 자라게 하는 마음공부 자리도 마련하는 등 부모 배움터도 더 알찬 시간으로 펼쳐나가고 싶어요.

그러기 위해서는 지역 내 작은도서관 및 공공도서관과 더 긴밀하게 소통해야 한다는 걸 알아요. 더 너른 세상과 손잡고 있어야 하며, 스스로 품은 뜻을 널리 알려야 한다는 걸 알아요. 이제 시작이니 한 걸음 한 걸음 서두르지 말고 나아가야 하겠지요.

이 모든 마음 헤아려보니 행복한 그림책 놀이터, 별별도서관은 새로운 시간을 꿈꾸고 있어요. 넉넉한 품을 가지고 아이 어른 할 것 없이 도서관에서 책과 더불어 사람과 소통하며 배우고 스스로 자라게 하는 도서관이길……. 혼자 꾸는 꿈이 아닌, 함께 꾸는 꿈으로 하나둘 이루며 나아가고 싶습니다.

행복한 독서교육 02

날마다 달마다 신나는 책놀이터

첫판 1쇄 펴낸 날 2016년 2월 5일
첫판 4쇄 펴낸 날 2020년 3월 5일

지은이 이숙현·이진우

펴낸이 한상수
책임 편집 한상수
편집 장현주 문현경
디자인 강현정

펴낸곳 ㈜행복한아침독서
출판등록 2007년 10월 26일
주소 (10881) 경기도 파주시 회동길 455-2 밝은미래사옥 3층
전화 (031) 955-7567
팩스 (031) 955-7569
전자우편 morningreading@hanmail.net
누리집 www.morningreading.org

ⓒ 이숙현·이진우, 2016

ISBN 979-11-85352-55-8 04370
      979-11-85352-50-3 (세트)

이 도서의 국립중앙도서관 출판시도서목록(CIP)은 서지정보유통지원시스템 홈페이지(http://seoji.nl.go.kr)와 국가
자료공동목록시스템(http://www.nl.go.kr/kolisnet)에서 이용하실 수 있습니다.(CIP제어번호: CIP2016000712)